métamorphoses INSPIRÉES

UNE ANTHOLOGIE DE VINGT VOIX

COMPILÉES PAR

SOPHIE ROUMÉAS

MÉTAMORPHOSES INSPIRÉES
Une anthologie de vingt voix
Sophie Rouméas

Publié par :
Angel Lab Editions
Angel Lab Editions est une marque et division de
SBR Coaching & Resources, Annecy, France
www.angellabeditions.com

Traduit d'anglais vers français par Marine Armstrong
Traduit de français vers anglais par Crystal Weber
Édité et révisé par Claude Jameux
Relecture finale en français par Marine Armstrong et Renée Rembarz
Relecture finale en anglais par Crystal Weber
Couverture originale par Darko Dojchinovski

Version Française: ISBN: 978-2-9578712-5-4 (papier) | 978-2-9578712-6-1 (ebook)
Version Anglaise: ISBN: 978-2-9578712-4-7 (papier) | 978-2-9578712-7-8 (ebook)

DÉDICACE

La métamorphose, c'est s'aimer soi-même, pleinement,
dans le silence du miroir,
C'est s'accepter, se transformer, se révéler,
indépendamment du regard d'autrui.
C'est aimer l'autre sans attendre qu'il s'appuie sur notre reflet,
Et l'aider, avec bienveillance, à trouver sa propre lumière.
C'est avancer ensemble, libres du jeu des miroirs,
Et apprécier l'autre au-delà du miroir,
Quelles que soient ses facettes.

À toi qui nous lis, à nous qui t'écrivons,
À ceux qui ont été, ceux qui sont, ceux qui seront,
Avec reconnaissance, résonance et transformation, osons.

INTRODUCTION

L'IDÉE DU LIVRE ET LE CONTEXTE DE SON ORIGINE

L'idée de *Métamorphoses Inspirées* a germé au milieu de la pandémie mondiale qui nous a touchés à partir de 2020. Cette période de confinement, qui a imposé à chacun une proximité intime avec lui-même, a réveillé chez beaucoup des questionnements existentiels : *Est-ce que j'aime ma vie ? Suis-je heureux dans mon travail ? Mon quotidien a-t-il du sens ?*

Pour d'autres, ce fut une opportunité d'introspection, d'action, de transformation : travailler depuis chez soi, développer des réseaux en ligne, intégrer dans son quotidien des hobbies et passions longtemps endormies, ou même choisir un nouveau lieu de vie pour traverser cette période inédite. Certains ont décidé de changer de travail, d'autres ont transformé des contraintes en opportunités. Ce kaléidoscope de changements m'a fascinée.

Dès 2021, des fragments de ce livre, collectif dès sa première idée, ont commencé à prendre forme sur mon ordinateur. Pourtant, ce n'est qu'en début d'année 2024 que l'évidence s'est imposée : *c'est pour maintenant.* Des synchronicités se sont multipliées, des rencontres marquantes – amis, collègues, et même une jeune femme croisée dans une galerie d'art – ont confirmé cette impulsion.

Ce livre existe grâce à un effort collectif, réunissant des récits où le changement, parfois inattendu, révèle la profondeur de nos capacités humaines.

LE DÉNOMINATEUR COMMUN DE LA MÉTAMORPHOSE

Au cœur des chapitres de cette anthologie se trouve un dénominateur commun : le besoin de se recentrer sur soi-même et d'écouter sa voix intérieure. Le fameux « *connais-toi toi-même* » est l'une des fondations essentielles de la métamorphose. Plusieurs voies permettent d'accéder à ce cheminement vers soi, chacune unique et personnelle, mais toutes profondément ancrées dans la conscience et l'observation de soi.

Le rêve : une porte vers la transformation

Le rêve est l'une de ces voies. Monde multidimensionnel de la psyché, il agit à la fois de manière indépendante et dépendante de nos pensées conscientes. Chaque nuit, notre conscience bascule de la perception ordinaire au monde du rêve, transformant notre personnage éveillé en rêveur ou rêveuse. Le rêve tisse alors des scénarios qui reflètent, souvent de manière symbolique, nos processus psychiques et émotionnels.

La psyché est définie comme *l'ensemble des processus conscients et inconscients propres à chaque individu* ; mais le dictionnaire évoque aussi la définition de la psyché comme un miroir – un objet pivotant qui reflète notre image sous des angles différents – ou encore un papillon, symbole de transformation. Et ces trois définitions convergent vers la nature changeante et multidimensionnelle de l'âme humaine.

Ainsi, le moment de bascule entre veille et rêve contient l'essence même de la métamorphose. C'est un passage, une invitation à maintenir notre conscience éveillée jusqu'au bout du processus, pour observer comment le rêve, en s'affranchissant des limites de la matière, devient un espace de transformation pure. Cette boucle quotidienne, allant de l'Alpha à l'Oméga, nous rappelle que chaque jour est une opportunité de renouvellement, que nous nous souvenions de nos rêves ou pas.

L'observation durant le jour

La métamorphose ne se limite pas au monde des rêves. Elle trouve pour bon nombre de personnes un terreau fertile dans l'observation de soi pendant la journée, notamment à travers nos dialogues internes. Ces échanges, souvent influencés par des souvenirs inconscients, sont teintés des «petites voix» héritées de notre enfance : *« sois fort »*, *« fais des efforts »*, *« sois parfait »*, *« fais vite »*, *« fais plaisir »*. Ces injonctions, silencieuses ou exprimées, répondent aux attentes des figures d'autorité qui ont marqué notre développement.

Pour se protéger, l'enfant intérieur adopte des masques – des stratégies de défense qui perdurent à l'âge adulte. Ces masques, bien qu'utiles pour survivre à des traumatismes passés, deviennent des barrières inconscientes à l'expression de notre authenticité. Ils se confondent avec notre personnalité, sans pour autant être innés. Ils limitent notre liberté d'être et nous maintiennent dans des schémas relationnels où nous donnons aux autres le pouvoir de nous définir.

Dans *Les cinq blessures qui empêchent d'être soi-même*[1], Lise Bourbeau, décrit ces masques de la façon suivante :

1. **La trahison** : peur de la séparation, masque du contrôlant.
2. **Le rejet** : peur de la panique d'être rejeté, masque du fuyant.
3. **L'abandon** : peur de la solitude, masque du dépendant.
4. **L'humiliation** : peur de la liberté, masque du masochiste.
5. **L'injustice** : peur de la froideur, masque du rigide.

Pour retrouver notre authenticité, il est nécessaire de laisser tomber ces masques et de guérir les blessures sous-jacentes. Cela demande un travail conscient, où l'on choisit de ne plus réagir en fonction de ces mécanismes de défense, mais en alignement avec ses aspirations profondes. Carl Jung appelait cela le chemin d'individuation, *« loin des masques et plus près du cœur. »*

---

[1] Lise Bourbeau, *Les Cinq Blessures qui empêchent d'être soi-même* (Carignan, Québec : Éditions E.T.C., 2000).

LES « FAMILY MAPS » ET LES LOYAUTÉS INVISIBLES : L'IMPACT DES SYSTÈMES FAMILIAUX ET SOCIÉTAUX

Nos vies sont profondément influencées par des cartes familiales – des *family maps* – transmises silencieusement de génération en génération. Ces cartes, semblables à une géographie intime, contiennent les valeurs, croyances, et réponses aux événements du passé familial. Elles forment ce que je nomme l'éducation silencieuse, un héritage invisible qui façonne nos choix, souvent de manière inconsciente.

Ces loyautés invisibles, bien qu'initialement porteuses de protection et d'appartenance, peuvent devenir des chaînes. Par amour pour notre clan, nous restons parfois enfermés dans des schémas répétitifs qui limitent notre liberté d'être. Néanmoins, une personne soumise à une relation maltraitante pourra, avec le support qui lui sera nécessaire, oser s'en libérer et faire une mise à jour de sa programmation psychique interne. Ce processus exige une reconfiguration des routes neuronales, semblables à des chemins que nous empruntons machinalement chaque jour. Changer de chemin, c'est oser choisir un paysage plus nourrissant et une direction plus alignée avec notre âme.

Ces dynamiques familiales ne se limitent pas à l'individu. Elles résonnent à l'échelle des communautés, des sociétés, et même des nations. Chaque système social porte en effet en lui un héritage collectif de valeurs et de croyances, mais aussi de blessures, de conflits et d'injustices. Ces transmissions silencieuses influencent profondément nos vies, créant des schémas qui, enferment autant qu'ils protègent.

L'Histoire du monde illustre bien ces résonances intergénérationnelles et collectives. Pour autant, au niveau individuel, chaque acte de conscience et chaque transformation personnelle contribuent à alléger ces chaînes invisibles. En revisitant nos cartes familiales, elles peuvent devenir des outils précieux pour éclairer nos trajectoires et favoriser une évolution plus harmonieuse pour les générations futures.

Traumatismes et guérison : un voyage holistique

La guérison ne se limite pas à des outils ou des techniques ; elle exige une compréhension profonde, un espace sûr pour être vu, entendu, et accepté dans son authenticité – qu'elle soit brisée ou entière, lumineuse ou sombre.

La guérison est un processus holistique, un hologramme mais en cinq dimensions, incluant :

1. **Le corps**, une carte mémoire où s'impriment blessures et douleurs, même silencieuses.
2. **L'esprit**, qui doit parfois déconstruire les schémas neuronaux devenus automatiques.
3. **L'âme**, en quête de sens et de connexion au-delà des traumatismes.

4. **Le contexte extérieur**, familial et sociétal, qui influence chaque étape.
5. **L'univers**, où le rôle des synchronicités jouent un rôle clé.

LA MÉTAMORPHOSE : UN CHEMIN VERS L'AUTHENTICITÉ

La métamorphose, c'est oser s'affranchir de l'enveloppe psychique imposée par les attentes extérieures. C'est devenir libre d'évoluer en alignement avec sa conscience et ses valeurs. Cela nécessite de reconnaître les influences des différents systèmes qui façonnent notre vie : famille, communauté, religion, nation… et de se libérer des liens qui ne nous correspondent plus.

Au fur et à mesure que nous découvrons notre vérité intérieure, nous harmonisons notre place dans le monde. Cette signature unique de l'âme devient une mélodie propre, créant une vie épanouissante et qui s'aligne avec nos valeurs et nos réelles aspirations. L'univers, tout comme le papillon, est en perpétuelle transformation. Il nous enseigne que chaque étape, même difficile, fait partie d'un cycle plus vaste où l'expansion et la lumière se révèlent au moment opportun. En embrassant ces cycles, nous devenons capables de laisser derrière nous ce qui ne nous sert plus, pour déployer nos ailes et découvrir la liberté et l'amour de notre véritable essence.

LA MÉTAMORPHOSE : UN PROCESSUS UNIVERSEL ET MULTIDIMENSIONNEL

Les métamorphoses sont présentes dans toutes les vies humaines. Elles peuvent être déclenchées par un événement marquant, une crise, ou surgir de manière plus subtile dans les replis de la psyché et des rêves. Elles symbolisent le voyage profond et continu de *devenir*, où chaque étape, même difficile, est essentielle à la réalisation de soi. Ainsi la métamorphose représente la confiance de quitter le familier pour accueillir de nouvelles compréhensions de soi, de sens, et de connexion au monde.

Méta, Morphe, Ose : les dimensions de la métamorphose

Le mot *métamorphose* porte en lui les étapes fondamentales de toute transformation pour inviter à l'action.

Méta – Pourquoi ?

La métamorphose commence par une réflexion profonde sur le sens de nos expériences. Cette étape invite à une quête de conscience, une exploration des motivations qui inspirent le changement. C'est le dépassement de la perception immédiate pour envisager une vision plus vaste de soi et du monde.

Morphe – Comment ?

De la forme *morphê, eidos, logos* en grec à Morphée (le Dieu des songes dans la mythologie grecque), le passage s'opère naturellement, reflétant la manière dont nous évoluons au gré de nos prises de conscience. Ces concepts philosophiques, enracinés dans l'idée de structure et d'essence, soulignent que chaque transformation est une rencontre entre notre forme intérieure et le monde extérieur.

Cette transformation, guidée par une perspective « méta », élargit notre compréhension de nous-mêmes et du monde. Elle s'incarne dans un engagement sincère dans le processus de changement : traverser résistances, défis et apprentissages pour laisser émerger l'évolution qui nous appelle. La forme, qu'elle soit visible ou subtile, devient le lieu d'un dialogue constant, une danse d'adaptation et de croissance qui reflète l'harmonie entre l'intérieur et l'extérieur.

Ose – Quoi ?

La métamorphose n'est pas simplement un état de changement ; c'est un processus qui exige action, courage et intention. Ancrée dans le suffixe grec *osis*, qui signifie « faire » ou « processus », cette dimension de la transformation nous invite à franchir des étapes audacieuses, à quitter ce qui nous est familier et à affronter l'inconnu.

C'est en osant agir — qu'il s'agisse d'un petit ou d'un grand pas — que le potentiel devient réalité. En embrassant ce voyage actif, nous révélons notre lumière intérieure et, ce faisant, contribuons à éclairer les chemins autour de nous et avec les autres. « Ose » nous rappelle que la transformation n'est pas passive : c'est un mouvement, un choix et un engagement continu envers la croissance et la découverte.

Ainsi, de l'introspection à l'action, du rêve à l'éveil, la métamorphose est un processus continu et multidimensionnel. Elle nous invite à grandir, à repousser les limites de notre psyché, et à embrasser notre véritable essence avec confiance et clarté.

MÉTAMORPHOSE ET STRUCTURE DU LIVRE, UNE SYNCHRONICITÉ RÉVÉLATRICE

Ces trois étapes de la métamorphose servent à l'organisation de l'ouvrage : par une belle synchronicité, la structure même du livre reflète le symbole graphique de la métamorphose - le papillon :

Première partie – Le Pourquoi – composée de six chapitres
Deuxième partie – Le Comment – composée de sept chapitres
Troisième partie – Le Quoi – composée de six chapitres

L'unité du principe d'organisation de l'ouvrage respecte la diversité des contributions : vous découvrirez des récits de vingt auteurs vivant en Autriche, au Bhoutan, au Canada, aux Etats-Unis, en France, dont une auteure à Tahiti, au Portugal, et en Suisse. Si chaque témoignage explore les trois étapes de la métamorphose, une orientation principale se dégage de chacun, permettant une intégration fluide et naturelle dans l'une des parties du livre.

UNE INVITATION À LA LUMIÈRE INTÉRIEURE ET À L'ACTION

Ces récits authentiques et engagés offrent un message d'espoir et de solidarité à tous ceux qui cheminent vers leur propre métamorphose. Ils illustrent la puissance du processus de transformation personnelle, la guérison émotionnelle, et la capacité à cultiver des relations plus profondes et alignées.

En explorant ces histoires, chacun pourra puiser une source d'inspiration pour découvrir sa propre résilience rayonnante – cette lumière intérieure qui nous guide à travers les épreuves et nous relie aux autres. Chaque personne qui trouve son chemin, animée par une mission de vie alignée avec son cœur, devient à son tour une source d'espoir et d'encouragement pour et avec ceux qui l'entourent.

Ce livre est une illustration et une célébration de la capacité humaine à évoluer, à se transformer et à illuminer son environnement, même à travers de petites actions. Il est empreint d'une profonde gratitude pour ces histoires partagées, et pour cette lumière que chacun porte en soi, parfois même sans en être conscient.

Puissiez-vous, en parcourant ces récits, trouver une résonance inspirante avec votre propre voyage, qu'il soit déjà clair ou encore en devenir, et découvrir les prochains mots pour écrire une nouvelle page de votre histoire.

Sophie Rouméas

TABLE DES MATIÈRE

PARTIE DEUX : MORPHE – COMMENT ?

Isabelle Estournet-Djehizian

OUVRIR GRAND
SES AILES

Je suis née en 1962 à Marseille d'une mère arménienne et d'un père pyrénéen. Depuis l'enfance, j'aime les livres, la musique et le dessin.

Je voudrais vous dire qu'il n'est jamais trop tard pour être libre.

J'ai longtemps été cheffe d'entreprise, mais après la mort de mon frère ainé, presque mon jumeau, puis de ma mère, je me suis écroulée.

En revenant de l'enfer, un instinct s'est réveillé en moi : celui qui te dit que tu n'as plus le temps, que tu ne peux plus faire semblant, que ta vie sonne faux. J'ai pris conscience de mes prisons, j'ai avancé, trébuché, cherché du sens. Je me suis lancée sur la piste de mes origines arméniennes cachées, de mon histoire. J'ai osé dire ce que je ressentais et j'ai peu à peu retrouvé ma voix dans les mots : j'ai écrit mon premier livre comme on plonge dans la vie.

Grâce à mon compagnon, à mes lecteurs fidèles et aux merveilleuses rencontres qui jalonnent désormais ma route, j'ai choisi de ne plus faire que cela : écrire et partager ce puissant outil qu'est le Verbe.

Aujourd'hui, après avoir édité une trilogie : *Momig, la Petite Bougie (2014), Le Ventre et La Plume (2015)* et *Que Ma Voix Demeure* (2017), qui a donné naissance à une pièce de théâtre, je viens de terminer mon premier roman *Dans Les Harpes du Vent.*

Mon bonheur ? C'est quand quelqu'un me dit que mon écriture l'a touché et aidé à trouver la force de se mettre en route pour lui-même.

Vous pouvez également me retrouver :
sur mon blog : www.auvifdemaplume.fr.
sur la page FB de Momig : https://www.facebook.com/momig.
lapetitebougie
et découvrir mes livres : www.lagriffedevinaya.fr

Isabelle Estournet-Djehizian

OUVRIR GRAND
SES AILES

Descendante de chrétiens d'Orient

Petite-fille d'orphelins arméniens

Fille de mathématiciens

Je me suis crue comptable

Alors que je suis conteuse

Et cela me réjouit

Car je veux me souvenir

Que l'homme qui est entré un jour sabre à la main

Dans la maison de mon grand-père

A lui aussi quelque part sur cette planète

Une petite-fille à qui il n'a rien dit.

– Isabelle Estournet-Djehizian

26 AOÛT 2024

C'est toujours difficile une première fois : un premier cri, un premier regard, un premier pas, une première chute. Aujourd'hui, j'honore notre première rencontre au cœur de ce projet collectif avec à la fois de la joie et de l'appréhension.

J'ai déjà traversé la forêt obscure des mots pour y trouver mon chemin : un premier livre *Momig, la Petite Bougie* est né sous ma plume en 2014. Il m'a tout doucement apporté, au-delà de la joie de sa simple existence, un nom qui me va bien et avec lequel désormais je signe.

L'accouchement fut aussi difficile que pour mon premier enfant, mais ensuite plus rien ne pouvait m'arrêter et il fut suivi rapidement de ses petits frères *Le ventre et la Plume* et *Que ma voix demeure*. Et quand je regarde ce que j'ai reçu des centaines de lecteurs qui ont osé accueillir cette écriture singulière avec les yeux et le cœur grands ouverts, je sais que cette route est bien la mienne et qu'il faut simplement que j'aie le courage de la poursuivre.

Je parle de courage car il en faut beaucoup dans la vie pour trouver sa liberté : courage de prendre ses responsabilités, courage de dire avec respect, courage d'écouter avec bienveillance. C'est tellement plus confortable de se taire et d'endurer ou d'endurer et de se plaindre : c'est ce que j'ai fait pendant longtemps. Et puis un jour tu n'aimes plus du tout ce que tu es devenue, tu te regardes et tu ne te reconnais plus : « C'est moi cette femme aigrie ? Cette entrepreneuse épuisée ? Cette mère à bout de souffle ? Cette épouse qui ne sait plus aimer ? »

Je me souviens quand les enfants étaient petits et que nous traversions des rues encombrées, nous leur disions « Si vous vous perdez, n'ayez pas peur, revenez au dernier endroit où vous nous avez vus, nous vous y attendrons ».

C'est à cet endroit qu'un jour il faut revenir, l'endroit où tu as pris une route qui n'était pas la tienne. Il faut le faire sans peur, avec humilité et bienveillance envers soi.

Cette route jalonnée de lectures et d'écriture, c'est celle que je propose de partager avec vous aujourd'hui. Peut-être aurez-vous envie de partager la vôtre avec moi, avec nous ? C'est tellement plus facile quand on se sent moins seul.

8 AVRIL 2013

Ma mère est née à Marseille d'un couple qui a vécu dans l'enfance le génocide des arméniens.

Son père a traversé Der Zor, le terrible désert où des hommes pétris de haine ont fait périr des hommes fous de douleur. Acheté pour quelques centimes par une croix rouge ou bleue, c'est en orphelin que mon grand-père a traversé la vie.

Sa mère s'est tue toute sa vie, elle a tout gardé au fond de sa gorge, au fond de son cœur, elle n'a rien murmuré, elle n'a rien chanté, elle a juste fait passer dans le souffle de sa fille ses peurs, ses malheurs, son exil.

Ma mère a tout reçu en héritage : dans le silence des journées de labeur de ses parents pour faire d'elle une princesse, elle a entendu la violence, le deuil, l'abandon, l'exil, mais aussi, cachés en dessous, les terres, les vents et les poussières de l'Arménie inconnue, ce mot tabou. « Ma petite française », disait son père en la regardant avec fierté. Alors elle a pris au creux de son cœur ce silence qu'on lui offrait et a gardé pour elle toutes ses questions.

Je suis née de ce souffle, parce qu'on nait du souffle de sa mère, toujours. C'est par un cri qu'elle m'a mise au monde et mon cri lui a répondu : Oui, je serai vivante et je porterai, comme toi, le fardeau du silence. Je ne dirai rien et tout ira bien, oui, tout ira bien.

Je suis née de ce silence, un silence si bruyant qu'il m'a empêché, moi aussi, d'entendre le murmure de la vie, de mes envies. Mais la mémoire résiste à tout : au silence des aînés, aux mouvements de l'histoire, aux trahisons des puissants, aux changements de territoire, à la langue qui disparaît, aux poésies qui s'essoufflent.

Et lorsque l'impossible a eu lieu, lorsqu'enfin Maman a parlé, ce ne fut plus qu'un cri : « Au secours, aidez-moi » a-t-elle hurlé puis écrit sur les murs de sa chambre d'hôpital avant de mourir.

Ce jour-là j'ai su que la seule façon de dompter cette bête qu'on porte en soi, sans même le savoir, c'est de déchirer le voile et sortir du néant ce monstre aux cent têtes.

Pour rompre le silence, à petit pas, tout petit, tout petit pas, je suis entrée en écriture.

12 MAI 2013

J'atterris en Arménie. Au sens propre comme au sens figuré. Aucun membre de ma famille n'a posé avant moi un pied dans cet endroit du monde. Ma valise est lourde.

Il faut être au milieu de sa vie pour oser affronter tout ça.

Les champs s'étalent à perte de vue, épousant fidèlement les bosses et les failles de la vallée de Vayots Dzor. Ce pays vibre, c'est sûr, je le sens.

Je m'approche d'un petit buisson, lequel de nous deux a choisi l'autre ? Ses racines s'ancrent doucement dans la terre en un réseau de filaments délicats. Ses multiples branches brûlées par l'hiver portent déjà leur promesse d'avenir. Elles se tiennent les unes aux autres, toutes issues de la même souche. Le souffle léger du vent qui traverse le buisson m'emplit d'une étrange musique :

Comme moi, tu prends racine dans la terre
L'humanité entière est sous tes pieds, la sens-tu ?
Tes branches bourgeonnent, tes fleurs seront bientôt écloses
Il est temps de regarder dessous
De découvrir tes racines
Honorer ses ancêtres, c'est cela
Aller à leur rencontre, découvrir l'humus...

Le temps a déposé sous toi des milliers d'histoires
De magnifiques fleurs fanées
Des cendres de feux de joie
Des feuilles meurtries, des branches coupées
Des monceaux de plantes parfumées
Et tout a pourri
Le temps est le maître absolu, il n'y a qu'à attendre...

Les étés et les hivers passent
Le sol se tasse
Les couleurs disparaissent, tout prend la même teinte
Et tout baisse encore
Entre sous terre sans laisser de trace

Mais un jour, délicatement,
Une nouvelle matière apparaît
Riche de tous ces passés réunis
Floconneuse, vivante, vibrante
C'est léger, doux et chaud à la fois
Parfumé comme un matin de printemps
Comme l'enfant qui naît et qui toujours sourit à la vie
C'est l'humus, l'humanité, l'arbre, l'homme, moi, toi »

Je serre dans ma main un brin du buisson fleuri. Je suis prête à continuer ma route.

15 MAI 2013

J'ai allumé des bougies dans chaque monastère

Et j'ai pleuré

J'ai laissé les larmes couler

J'ai laissé les larmes sécher

J'ai regardé les bougies brûler

En pensant à chacun de vous, mes morts

Toi, mon frère, toi ma mère

Et tes parents partis d'ici

Et tes grands-parents morts ici, quelque part, dans un désert

Je me suis consolée en voyant ces petites flammes venir elles aussi

Noircir les murs gras de ces refuges de montagne perchés sur
*   les hauteurs*

Des phares dans ma nuit, qui m'attendaient, si patiemment

Quand va-t-elle enfin prendre la route qui mène à nous ?

J'ai allumé des bougies dans chaque monastère

Et j'ai souri

J'ai laissé les morts reposer en paix

J'ai laissé les souvenirs s'endormir doucement

J'ai regardé les bougies brûler

En pensant à chacun de vous, mes vivants,

Mes navires qui voyagent et portent désormais au creux des yeux

Ce petit bout de terre, cette petite flamme dont je vous ai conté
*   l'histoire.*

J'ai allumé des bougies dans chaque monastère
De Khor Virap à Tatev
Et je me suis envolée haut dans le ciel
Heureuse d'avoir retrouvé mes ailes.

21 JUIN 2013

Ce matin j'ai invité la lumière à entrer en moi.

Cela peut sembler étonnant mais l'intention que je mis dans cette prière fit que la lumière entra vraiment. Elle s'infiltra dans chaque partie de mon corps, éclairant de sa douceur la moindre palpitation de cette alchimie extraordinaire qui fait de moi un être vivant.

Je l'accueillis et la laissais se promener de la tête aux pieds, doucement découvrir mon intérieur dont souvent je m'absente, comme si j'avais le choix. En maîtresse de maison, je faisais bonne figure : j'ouvrais pour elle les portes closes et la laissais pénétrer les recoins sombres, je l'accompagnais dans sa danse libre et saluais au passage des lieux mystérieux. Il me sembla fouler une terre inconnue et en vérité le voyage fut long pour l'impatiente que je suis. Qui peut pourtant se vanter de se déplacer à la vitesse de la lumière ?

Ce matin j'ai invité la lumière à entrer en moi.

Je ne fus pas longue à me rendre compte que ce déplacement subtil de ma présence au monde, de l'extérieur vers l'intérieur, provoquait en moi un sentiment proche de la panique. Je fus tentée d'ouvrir les yeux pour me raccrocher au présent. Qu'y-a-t-il de plus rassurant que l'objet que l'on voit instantanément ? Mais une confiance instinctive dans la démarche mêlée à une curiosité d'enfant me convainquit de persévérer. À mesure que je lui cédais la place, je sentis que la lumière agrandissait mon espace, comme si parmi tous ses autres talents, elle avait aussi celui de pousser les murs.

Ce matin j'ai invité la lumière à entrer en moi.

Elle n'arriva pas seule. Elle était accompagnée de Patience et Bienveillance, ses deux amies de toujours. Longtemps ma porte ne leur fut pas visible, longtemps je n'avais pas l'énergie de les accueillir, toute occupée à haleter en courant après les aiguilles des montres. « Je suis débordée… J'ai la tête sous l'eau… ».

Mais ce matin elles étaient là toutes les trois et j'avoue avoir eu très envie de renouveler l'expérience dès le lendemain.

Ce matin j'ai invité la lumière à entrer en moi. J'avais juste envie de partager cette expérience avec vous, la lumière est si généreuse.

15 AOÛT 2013

Le dîner s'éternise sous les étoiles, il fait doux. La journée a été rude : treize kilomètres dans la montagne, à grimper, tourner, descendre. Jean-Pierre, mon compagnon, a l'air en forme. Avec ses grandes jambes, il avale des kilomètres bien plus petits que les nôtres. Notre invité, le peintre Hovhannès, est à moitié mort de fatigue.

Les flammes des petites bougies posées sur la table sont les seuls mouvements dans la nuit, le silence s'est installé, chacun pense à sa montagne, rassasié.

—   Qui es-tu ? Hovhannès s'est tourné vers moi et a posé la question doucement de sa voix caverneuse, oui, qui es-tu toi ?

Jean-Pierre, me regarde, amusé, enfin nous sommes au centre du centre, « Qui es-tu » cache tant de questions.

Fille de…, maman de…, associée de…, une fille qui chante…, qui aime la montagne…, tout cela tourne dans ma tête mais je ne dis rien. Non, ce « Qui es-tu » n'appelle pas ces réponses-là, je le sens.

Le menton posé sur les mains, j'attends. J'attends de trouver la réponse que mérite Hovhannès. Jean-Pierre ne dit rien non plus, la minute est grave, il ne volera pas à mon secours.

Je montre alors du doigt une bougie qui répand sa cire sur la table :

—   Voilà ce que je suis.

—   Une bougie ? demande Hovhannès.

—   Oui c'est ça, je suis une petite bougie. Je suis cette petite bougie-là qui répand sa lumière et sa chaleur, c'est tout.

—   D'accord me dit Hovhannès, et qu'en fais-tu ?

—   J'écris, j'écris un journal, enfin j'écris pour moi, ce que je vois, ce que je sens ; d'ailleurs, j'ai écrit quelque chose qui te concerne, le jour où j'ai posé pour toi, j'ai écrit.

– Tu veux bien me le lire s'il te plait Isabeldjan ?

Prenant en main mon journal de bord, je commence :

– 18 juillet 2013 : j'ai posé nue, pour Hovhannès…

Quand je termine la lecture de mon texte écrit ce jour-là, Hovhannès me regarde et dit :

– C'est incroyable, c'est exactement ça, il y a tout, tout, tu as tout capté en quelques mots. C'est sûr, Isabeldjan, tu es écrivain.

15 OCTOBRE 2013

La Griffe de Vinaya est née. La griffe, comme une signature, comme un coup de patte donné au destin.

J'ai confié mes textes à Vincent pour qu'il travaille le graphisme. J'ai peur mais je dois faire confiance, sinon je n'y arriverai jamais.

10 JANVIER 2014

J'ai confié mon manuscrit à mon père.

Depuis quatre mois que je travaille sur mon livre, sur mes racines, j'y pense tous les jours, et même souvent la nuit : quelle sera sa réaction à mon écriture si je vais jusqu'au bout et que je décide de publier ? Comment me trouver sans le perdre ? Comment oser parler sans le blesser ? Comment être à la fois moi et un bout de lui ?

Nous avons passé la matinée ensemble, il était si content de bien s'habiller et que je l'accompagne dans les magasins, ça ne nous était jamais arrivé, maman régnait sur les armoires et était seule juge en la matière.

Au déjeuner, j'ai pris mon courage à deux mains et je lui ai parlé de Momig, la démarche, le choix du nom, le travail pour passer de textes intimes à un livre, il m'a posé la seule bonne question :

— Que puis-je faire pour toi ?
— Lire le livre, Papa, et l'accueillir tel qu'il est.

J'ai attendu toute l'après-midi de ses nouvelles, je devenais folle. J'avais décidé d'éditer ce livre quoiqu'il m'en coûte, mais j'avais terriblement besoin en réalité qu'il l'aime, car ce livre c'était une partie de moi, tout simplement.

En rentrant du travail, mon compagnon m'a trouvé dans un tel état de nervosité que nous avons filé au cinéma. En sortant, toujours rien.

— Viens, on va boire un verre.
— Je n'en ai pas envie, je préfère rentrer.

En réalité, j'avais le cœur serré, j'avais froid, très froid.

Nous roulions en silence, quand le sms de mon père est arrivé :

— Je l'ai lu d'une traite ! C›est remarquable !! Maintenant je vais le savourer !

Et le sang s'est remis à couler dans mes veines.

Depuis le début de mon travail sur Momig, je pense à Otto Franck, le père d'Anne, cet homme caché avec sa femme, ses filles, pendant deux ans, dans un appartement exigu, dans la peur et le silence, sans lumière du jour, sans un plat chaud, sans une chanson.

On connaît la tragédie : la dénonciation, l'arrestation, la déportation dans les camps de la mort en Allemagne et cet homme, seul survivant, qui revient, un jour, devant la porte de cet appartement, anéanti. Il a tout perdu, ses biens, sa femme, ses filles et il est là, debout, devant la porte de son ancien refuge, de son ancienne prison, de son ancien foyer, là où tout était encore possible.

Il lui faut un courage infini pour ouvrir cette porte, revoir ce lieu, respirer cette odeur….

Otto trouvera le journal que sa fille Anne a tenu de juin 1942 à août 1944. Il se lancera dans le projet de le faire publier comme il s'est lancé toute sa vie dans toutes ses entreprises : avec la volonté extrême de réussir.

Le journal d'Anne Franck sortira en 1947 et connaîtra un succès planétaire.

Otto vivra jusqu'à 90 ans. Au seuil de sa mort, il dira que ce qui l'a le plus marqué dans sa vie, c'est d'avoir découvert à quel point on ne connaît pas ceux avec lesquels on vit, même après avoir passé 730 jours enfermés avec eux.

Otto aura finalement rencontré Anne, et pour moi c'est là l'essentiel.

10 FÉVRIER 2014

Tu écris et ta vie devient autre chose. Ne réfléchis pas à ce que tu vas écrire demain, ne relis pas ce qui est sorti sous ta plume hier, écris, ici et maintenant, quand c'est chaud, écris le geste, écris l'émotion, écris ta réalité.

J'anime depuis peu un cercle de cercles : chacun bouge autour de son centre de gravité et participe à un mouvement d'ensemble qui semble avoir sa propre vie, son inertie, sa trajectoire.

Momig naît sous ma plume grâce à l'énergie de Jean-Pierre, la bienveillance de Hovhannès et la folie de Vincent : je suis leur muse, ils dansent autour de moi.

Il y a quelque chose du système solaire à notre configuration, quelque chose de plus grand, qui nous dépasse à la fois chacun dans notre individualité et dans la composition d'ensemble. Nous sommes, pour la plupart, à l'heure des synthèses mais je ressens dans ce cercle de cercles une sorte de synthèse immanente, quelque chose qui doit être, un lien qui nous dépasse.

J'ai besoin de temps, j'ai besoin de calme, j'ai besoin d'avancer pas à pas et ainsi j'y parviens : où ? peu importe, le pas est en lui-même l'ensemble du voyage, tout peut s'arrêter à tout moment sans que je me sente dépossédée ou frustrée.

Je serai simplement arrivée à bon port.

14 FÉVRIER 2014

Au cœur de son imprimerie, Adeline prend soin des êtres de chair et de papier. Elle porte un regard toujours curieux sur le manuscrit qui lui arrive, qu'il soit édité à compte d'auteur ou par une grande maison, qu'il soit le fruit d'une impulsion ou l'œuvre d'une vie, il arrive, tout simplement, un jour, sur son écran. Et à ce titre, il sera traité comme tous ses semblables, avec bienveillance et lucidité, avec le regard professionnel d'une enfant formée sur le tas. Curieuse, mutine, elle va le lire et gentiment corriger quelques coquilles, « il y en a toujours, c'est bizarre », se l'approprier suffisamment pour oser suggérer : « Peut-être pourriez-vous... ? Sans doute serait-il souhaitable que... ? ». Mais c'est plus fort qu'elle, elle aime les belles choses, elle aime l'harmonie, elle aime le travail bien fait. Alors, sans faire de bruit, parce que ce n'est pas son rôle, ce n'est pas ce qu'on attend d'elle, ne pas outrepasser les règles, ne pas dépasser les bornes, elle rougit et me murmure : « J'aime votre livre, il est magnifique, je n'ai pas trouvé la moindre faute, c'est si rare ».

Entre ses mains expertes, le livre va soudain prendre une tout autre forme : éparpillé, éclaté en mille pétales appliqués têtes en haut, têtes en bas, têtes bêches, sur de grandes feuilles de papier, le livre n'existe plus, le fil rouge est rompu, plus personne après elle ne saura à quoi il ressemble. Elle prépare le repas de l'ogre qui attend derrière la baie vitrée, l'ogre aux cent bouches, qui va avaler et recracher inlassablement le cyan, le jaune, le magenta et le noir, ces sources vives qui forment, subtilement dosées, les o et les a, les pleins et les déliés, les chairs offertes et les zones d'ombre.

Tout le monde l'attend, le coloriste, le coupeur, le plieur, le pelliculeur, le couseur, chacun attend la petite marque qu'elle a posée pour lui, l'empreinte qu'Adeline lui a laissée discrètement, pour qu'il sache se caler, comment agir en toute sécurité, comment aller plus vite sans se tromper et pouvoir rentrer chez lui, avec la conviction du travail bien fait.

Tout le monde attend derrière la baie vitrée, dans le bruit infernal des presses, dans la chaleur des séchoirs, dans l'odeur tenace des encres, dans les micropoussières qui envahissent les cerveaux, dans l'air acide, jamais changé parce que ça tourne, ça tourne, sans répit, nuit et jour, jour et nuit « Vous savez combien ça coûte une heure de ces machines ? »

Je n'écoute pas, je cherche juste à respirer, par petites touches, dans ce bruit assourdissant, je suis concentrée sur les épreuves, je veux que l'image des tableaux d'Hovhannès soit fidèle aux tableaux d'Hovhannès, je veux que les contours soient nets, les contrastes justes, la douceur palpable.

Je veux que l'odeur de l'encre s'en aille, je veux que le bruit des machines cesse, je veux que tous ces hommes et toutes ces femmes qui participent à ce projet se sentent appartenir à ma famille, je veux dédicacer un jour à chacun un exemplaire de mon livre, de cet objet auquel ils ont participé, sans le savoir, chacun dans son compartiment, soucieux du suivant, rattrapant déjà quelque chose du précédent, concentré sur son métier, inconscient du résultat attendu, de mon impatience, de mon inquiétude, de mon désir.

28 FÉVRIER 2014

J'attends Momig.

C'est mon premier, mon tout premier, tout est si neuf. J'ai déjà rompu la poche des eaux. Depuis des mois, les larmes jaillissent d'elles-mêmes au détour d'une phrase, d'une odeur ou d'une simple pensée. J'ai l'impression d'être une fontaine, une source intarissable, tout s'écoule par la fenêtre de mes yeux.

J'attends Momig.

Je n'ai pas voulu aller attendre les livreurs, je me terre au cœur de ma maison. Tout à coup le téléphone sonne : « Il est superbe ! ». C'est l'équipe des garçons à Paris, ils viennent d'être livrés, ils me félicitent, la palette a été rangée en quelques minutes, Momig est bien au chaud, bien au sec.

J'attends Momig.

Hovhannès, impatient, arrive. Il a caché un livre sous son manteau pour l'abriter des torrents de pluie qui bénissent depuis ce matin cette naissance. Je manque défaillir. Je le vois enfin en vrai. Je le tiens dans mes mains, tout bleu, tout lisse, tout doux. Je le voulais beau, il est magnifique.

J'attends Momig.

Hovhannès tourne dans la pièce comme un lion en cage. Lui aussi attendait ce livre qui parle de lui, de sa peinture, qui montre au détour d'un de mes texte ses toiles et ses couleurs, qui dessine par petites touches sa vie d'artiste, enchaîné à son chevalet, libre de tout le reste.

J'attends Momig.

Et je passe tous les coups de téléphone que j'avais décidé de passer sans oser le faire. Parce que maintenant il existe, j'en tiens un dans la main. Et même si ce n'est que pour celui-là, je vais appeler, je vais dire que j'y suis arrivée. La magie opère, chacun de mes interlocuteurs me dit : « Oui, venez nous le montrer. »

Momig est arrivé.

Tout peut commencer.

Barev, yes em.

Bonjour, c'est moi.

L'âme soupire parfois si fort qu'elle en réveille le corps

—Mathilde de Magdebourg, Béguine du XIIIe siècle

Stephen et Cécile Baudin

MIROIR DE DEUX MÉTAMORPHOSES

Le parcours thérapeutique de Stephen Baudin est loin d'être conventionnel ; il suit plutôt une trame onirique. En premier lieu, il a étudié le Rêve, ses extensions et ses liens avec le jour, auprès de Roger Zanoni. Cette base a généré une assise qui continue d'évoluer, poursuivie en compagnie de M. Zanoni depuis 1992. Son intérêt s'est ensuite tourné vers la métaphysique, qu'il a étudiée avec deux anciens élèves érudits de Maurice Guinguand.

Parallèlement, il s'est immergé dans la médecine chinoise taoïste avec l'un des précurseurs de l'intégration du décodage biologique dans l'acupuncture, M. René Zeender. En 2000, il a obtenu son diplôme de l'Institut Zhao Bichen en tant qu'acupuncteur. Il a ouvert son cabinet puis, en 2004, s'est rendu sur les plateaux du Ladakh pour étudier la médecine Amchi auprès du Chef Amchi Phumtsok. Au Ladakh, il a découvert un terma (enseignement caché de Padmasambhava) qu'il a stabilisé sous la direction de Sa Sainteté Ogyen Trinlé Dorjé, le 17e Karmapa. Il est entré en méditation pendant une année et, suivant les conseils de Sa Sainteté, a commencé à enseigner ce terma, le fusionnant rapidement avec ses enseignements sur la médecine chinoise.

À partir de 2010, il s›est engagé dans un suivi thérapeutique auprès des patients du Dr Philippe Lagarde. Ce dernier lui a enseigné le test Heitan-Lagarde pour le suivi des effets rebond du cancer chez les patients. En 2013, il s'est installé en Suisse et a fondé le Centre Ling Dao, qui propose diverses formations, y compris un programme fédéral en médecine chinoise.

www.centrelingdao.ch
https://vitacomplex.shop

Cécile Taric-Baudin est thérapeute et enseignante de yoga et de méditation. Passant d'une carrière de danseuse professionnelle à consultante en nouvelles technologies, c'est un voyage initiatique autour du monde avec un sac à dos qui a transformé sa vision de l'existence et sa manière de vivre. Pendant plus de quinze ans, elle a arpenté la planète à la recherche des enseignements médicinaux et spirituels à leur source, vivant avec des maîtres, des guérisseurs et des yogis dans des pays tels que le Guatemala, le Mexique, l'Inde et le Népal. C'est en Thaïlande qu'elle a commencé sa formation en médecines énergétiques, puis elle a suivi le chemin des Mayas et étudié le chamanisme en Amérique centrale sous la direction de Don Lauro de la Cruz. La compréhension de l'Être à travers l'énergie la passionne et l'amène à se spécialiser dans les yogas tibétains secrets.

Elle pratique intensément le chemin de l'éveil, avec des années de retraites solitaires de yoga (y compris les Six Yogas de Naropa) et de méditation guidées par son Geshe Lobsang Chocphel. Depuis son jeune âge, Cécile est convaincue que l'univers est énergie et que la puissance énergétique qui habite chaque être constitue une source illimitée de guérison.

Aujourd'hui, elle partage ses connaissances et accompagne ceux qui souffrent ou cherchent à évoluer dans leur compréhension de soi et de ce qui les anime. En 2021, elle a ouvert son centre en Suisse, où elle reçoit en consultations individuelles tout en organisant des ateliers, des retraites et des formations de soins énergétiques, de Yoga et de Méditation.

www.ceciletaric.org

Stephen et Cécile Baudin

MIROIR DE DEUX MÉTAMORPHOSES

L'union de nos textes en un seul chapitre reflète l'essence de notre couple. Aujourd'hui, nous cheminons ensemble, mais avant même notre rencontre, nous avons découvert que nos parcours personnels étaient marqués par des similitudes et des synchronicités. Chaque fois que l'un de nous fait l'expérience de quelque chose, l'autre, sans le savoir, traverse souvent une expérience miroir.

C'est ainsi que l'idée d'écrire ensemble s'est imposée, fruit de la compréhension partagée que nous avons de la métamorphose.

Stephen a littéralement été frappé par la foudre, tandis que Cécile a défié les lois de la nature à travers le chamanisme et l'énergie de guérison.

Nous sommes heureux de vous inviter à partager cette tranche de vie avec nous !

Cécile & Stephen

Stephen Baudin

LE FEU DU CIEL... TÉMOIN D'UNE MÉTAMORPHOSE

Il n'y a que dans la noirceur de ses yeux
que l'homme se perd.

– Heȟáka Sápa

Quel moment de choix que cette douce période de l'adolescence, avec ses paradoxes et ses grandes envolées de théories, rythmée par des poussées hormonales qui s'échouent dans les abysses paresseux. Je me souviens avoir pris pour cible le désengagement de mon père du foyer familial comme un alibi à ma mauvaise foi et à mes pulsions de tout casser. À 16 ans, je suis le plus fort du monde, en substance, accompagné de la frustration de ne pas être aux commandes dans ce monde adulte aveugle et sourd en ma présence. Les idées sont là, mais les moyens m'échappent !

Avec le recul de mes cinquante années révolues, je constate que cette période de l'adolescence suit un fil rouge pertinent qui se tisse sur le macramé des craintes de nos ancêtres. Pour autant, c'est la Familia qui nous rattrape au galop, parée de ses schémas transgénérationnels, avec une tendance désobligeante et unique de nous remettre sans cesse en face de notre propre conditionnement. J'étais dans cette introduction de la vie d'adulte, avec la présomption naturelle de suivre sans questionnement ou avec une certaine dissidence ces schémas héréditaires. Comme une marionnette qui tente de rallonger les fils de ses commandes aux yeux de ses marionnettistes, par simple volonté d'émancipation.

KRAKOUM… Une sphère translucide et bleutée, métamorphose de la foudre, pénètre à l'intérieur de mon logis. Elle surgit à mes yeux, virevoltant tous azimuts sur le devant de ma cuisine. Je suis inquiet de ne pas la voir se diriger vers la fenêtre ouverte et opposée à celle de son entrée, comme de convenance dans ces cas-là. À présent, elle se pose en observatrice, résolue à ne pas sortir de ce huis clos avec moi. Puis, sans crier gare, la sphère bleutée trouve refuge sous mon cœur, sans heurt ni violence. La sensation de la boule qui prend place sous mon organe vital me plonge dans une paralysie effrayante ! À ce stade, s'entrecroisent en moi le sentiment d'un mauvais rêve aux illusions parfaites et le souvenir actif de la boule dans mon corps. Je me projette rapidement sur l'idée d'une longue et déchirante paranoïa tout au long des années qui vont suivre. Malgré tout, j'apprivoise ma locataire boule bleue, dans mon quotidien, même s'il n'est pas fréquent d'être littéralement traversé par la foudre, ou du moins son avatar ! Ces boules, surtout connues grâce au récit de Hergé[2] intitulé Les sept boules de cristal, sont assez rares, mais lorsque l'une d'entre elles décide de visiter l'intérieur de votre corps !!! Ma mère me dira à son sujet, dans un hors-sujet digne de son manque d'implication : l'histoire est un éternel recommencement ! De mon côté, je mène une relation épique, jonchée de perceptions étranges et d'un magnétisme déroutant. Nous voilà deux, pourtant, enfant je n'avais pas songé à entamer une relation avec un ami imaginaire ? Pour autant, à ce stade, je n'ai pas l'intention de glisser dans une schizophrénie qui rendait possible cette cohabitation. Je suis chez moi, et je compte bien y rester !

En même temps, cet électrochoc change ma vision du monde. Mon intérêt n'est plus d'essayer de me comprendre, mais d'observer une certaine familiarité qui s'instaure au cours des jours avec la boule. Aucun oncle, cousine, ni même un ami ne connaît ou n'a vécu une rencontre foudroyante de ce type. Le temps passe et je développe un respect inconditionnel pour les forces de la nature, substrat d'une maturité qui me porte loin des considérations existentielles de ma vie d'adulte. Jusqu'à récemment, j'ai tout de même cherché une réponse mystique à cette intervention de la foudre sur

---

[2] Dans cette bande dessinée de Tintin, le Professeur Tournesol est victime de la foudre globulaire : une séquence emblématique des *7 Boules de Cristal* se déroule lors d'une soirée chez le Professeur Bergamotte, où un orage éclate. Une sphère lumineuse, semblable à de la foudre en boule, entre par la cheminée et provoque la disparition de la momie. On y voit le Professeur Tournesol projeté avec sa chaise sur la table, emporté dans un tourbillon.

mon corps. Je déployais une énergie phénoménale pour être à la hauteur cognitive des perceptions qui me traversaient sans cesse, et cela sans pouvoir conférer à cette boule un visage, un anthropomorphisme quelconque pour se lier d'amitié. Je vivais ainsi dans un grand théâtre analogique aux allures mystiques. Le paradoxe, c'est que la liberté apparaît lorsqu'on a les pieds sur terre et la tête dans les étoiles. Cet état s'apparente à l'effort d'une vie sans pouvoir s'y incarner… On ne peut pas être sage sans toucher le sol, et on ne peut pas arrêter d'être victime si l'on n'observe pas le cours de la vie qui s'exprime en dehors de nous-même. Mon détachement des schémas transgénérationnels m'a à la fois permis une grande créativité intérieure, entrelacée d'une solitude profonde de ne pouvoir réellement partager ma vie, comme la tradition l'indique dans la grande tribu humaine. Je me suis profilé tel quel, portant le paradoxe à son paroxysme jusqu'à l'aube de mes 50 ans. Mon personnage portait les fruits des expériences passées comme une grande hotte de père Noël dont le fond était un gouffre énergétique. Ma vie a rebondi entre divorces et naissances de mes enfants, à croire que mon assurance d'être détaché de mes schémas transgénérationnels n'avait pas eu raison de tout.

Un matin, comme de coutume, je m'en vais narrer un rêve à un grand homme, cher à mon existence, j'ai nommé Monsieur Roger Zanoni. Ce dernier m'explique, après examen de mon rêve, que ma compréhension mystique de cette trame divine de la foudre sur mon corps et mon besoin de formuler une pseudo-mission de vie autour de cet événement est erronée, me laissant, comme à son habitude, à ma réflexion. Les jours qui suivirent, j'ai pu constater intérieurement que cette foudre n'était qu'un apport de lumière à l'énergie déjà emmagasinée lors de ma naissance et qu'il m'appartenait d'en faire ce que bon me semblerait.

Depuis, ma vie a réellement changé, une vraie métamorphose. Je ne mélange plus l'histoire de ma vie avec mon chemin spirituel, ces deux aspects sont libres et n'opposent aucune résistance l'un à l'autre, puisqu'ils n'appartiennent pas à la même sphère de compréhension. Cette « folie contrôlée » est en recherche d'équilibre constant avec ma psyché, mais ne me demande plus de fournir la moindre énergie pour comprendre mes perceptions. Une folie propice aux métamorphoses oniriques, souveraine d'une joie de vivre les extensions de ces changements à chaque instant. Mon constat est que le changement existe dans la psyché ; pour autant, le papillon ne vit pas dans la chenille, mais leur perception s'échange tout au long de leur court passage sur terre.

Cécile Baudin

DE L'ABÎME AU CIEL

L'esprit cherche et c'est le cœur qui trouve.

− George Sand

LE GRAND SAUT

Allô la Terre

Dring… la sonnerie indique que nous avons atteint les 4000 mètres. La porte de l'avion s'ouvre et l'air s'engouffre sans crier gare dans le cockpit. Le moment du grand saut est arrivé…

J'adresse une dernière prière aux anges et à tous ceux de l'invisible. Que votre volonté soit faite ! Une force impalpable porte mes jambes, mon cœur bat au rythme d'une foi palpitante. Je m'assieds au bord du gouffre, dos tourné vers le dehors. Armée d'un instructeur et d'un parachute attachés dans mon dos, je plonge dans le grand vide. Ciel-Terre, Ciel-Terre, à force de roulades aériennes, mon estomac se retourne avant que mon corps ne se stabilise dans une posture d'araignée de l'espace. Je pique vers la terre à plus de 200 km/heure.

A notre atterrissage, je le sais. Ma vie ne sera jamais plus pareille. Juste avant de monter dans l'avion, cette dernière m'était apparue en différents tableaux entremêlés, tel un puzzle géant en attente de sa dernière pièce centrale.

Débordante d'énergie et d'émotions de toutes parts, je me concentre pour viser avec le bout de mon index les touches de mon portable : «Allo papa ? Tu ne sais pas quoi ? Je viens de m'envoyer en l'air à 4000 mètres d'altitude. Et devine quoi ! Je vais partir faire le tour du monde ! »

La perte de sens

C'est la dépression qui m'a poussée à accepter cette aventure improbable de saut en parachute. Je remettais à nouveau tout en question. Pendant plus de dix ans, j'avais façonné l'art de la danse à travers la grâce du corps et la fluidité du mouvement. Puis, sentant que mon mental avait besoin de faire ses preuves dans un monde où la course à la productivité et aux richesses matérielles fait rage, je m'étais lancée dans de nouvelles études de marketing et orientée avec succès dans le monde alors naissant d'Internet. Démontrant tour à tour mes capacités dans les mondes artistiques et économiques, je m'étais prouvée que je POUVAIS, tout simplement. Mais les défis du corps et du mental comme les réussites mondaines ne suffisaient plus à me nourrir. Maintenant, c'était l'esprit qui criait famine, buttant sur des questions existentielles sans réponse.

La peur au ventre

J'ai la peur au ventre. Elle surgit de nulle part et ne répond à aucune menace extérieure. Je la connais bien. Depuis l'adolescence surtout. Elle était venue s'insinuer au gré de mon ouverture aux autres et à l'amour. Elle profite de mes doutes et de mon manque de confiance, se nourrit de mes peurs de l'échec comme de la réussite. Mon mental ne se lasse pas de ruminer et de régurgiter les conversations dérangeantes, indigestes ou non résolues à une vitesse effrénée. Les pensées compulsives et négatives semblent régner dans mon esprit tels des maîtres à l'emprise impitoyable.

Après quelques années de répit au sein d'une relation de couple à laquelle j'ai depuis mis fin, voilà que la machine infernale se remet en marche. Mon mental se présentait à nouveau tel mon plus grand ennemi devant le silence et l'absence de l'autre. La faim et la soif, l'abus de la nourriture, l'impossibilité de répondre à cette bête intérieure qui ne s'assouvit d'aucune douceur. Je cède à nouveau à ses envies destructrices, son besoin de nourriture insatiable et écœurant. Je me heurte aux limites de mon corps, à la capacité de mon estomac à conserver bien au fond et bien à plat ce que je viens de lui acheminer si vite. Les pensées fusent, se bousculent et semblent être plus faciles à assimiler à coup de mâchoires et de boissons trop sucrées. J'éclate en sanglots, je hurle en tapant sur mon matelas. Il ne semble pas y avoir d'issue, manger et me vider paraît la seule manière d'apaiser cette tension criante qui me tient au ventre. Combien de fois lui ai-je cédé, et combien de fois encore devrais-je lui résister afin que le cruel mouvement du remplissage cesse ? Les trois dernières années de couple avaient seulement mis sur pause ce qui me tourmentait depuis mon adolescence. Je le comprenais comme un équilibre affectif temporaire, une compensation de bienveillance amenée par une relation amoureuse.

Aujourd'hui je devais aller plus loin. Il me fallait trouver, au-delà d'un soutien extérieur, les vraies causes de cette peur viscérale. Je refuse d'envisager les cliniques spécialisées. Personne dans mon entourage n'est au courant de mes crises. Je ne crois pas aux médicaments, je les considère comme d'autres sujets d'addiction. Je sais au fond de moi que la cause de mon mal-être n'a rien à voir avec la nourriture, la cause est ailleurs. Je la trouverai, je me guérirai moi-même, sans blouse blanche, en toute liberté.

C'est sans doute cette faculté de liberté que le saut en parachute a déclenchée. J'ai décidé d'oser m'ouvrir au monde. Je ne sais pas comment, j'en ai aucune idée, mais c'est lui qui me sauvera, il est ma seule issue.

LA QUÊTE

Les préparatifs

Au gré des petits-déjeuners, mon itinéraire se dessine à l'image de petits drapeaux rouges épinglés sur la carte du monde collée au mur. Planifier un peu mais pas tout. Décider seulement des escales principales pour laisser le voyage à terre accueillir les surprises qui sont libres de surgir lorsque les obligations d'aller ici ou là ont lâché prise. Laisser l'espace ouvert aux rencontres encore improbables et décalages en tous genres. Me projeter oui, mais pas trop, en évitant de conditionner à l'avance ce temps que je souhaite hors du champ de mon actuel imaginaire.

Mon sac à dos doit peser au maximum dix kilos, préférablement huit. Voilà la limite que je me suis posée. Supportable pour mes épaules et ajustable pour les ajouts en route. Je le confectionne et le remplis minutieusement. Il est ma nouvelle maison.

What to do in Kathmandu ?

Extrait de mon journal, Kathmandu, Népal : « Le jour du Vipassana est arrivé. Je me sens comme revenue au temps des examens scolaires. Le ventre serré d'appréhension et d'excitation de bien faire. Mon mental se bat déjà pour me convaincre que ça n'est pas du masochisme que je m'inflige. J'ai peur que ce soit une des expériences les plus difficiles de ma vie. Par avance, tous mes travers sont déjà castrés par des règles strictes. Impatience, cigarettes, nourriture…Devrai-je me dire que je rentre à l'hôpital ? »

Onze heures de méditation par jour pendant 10 jours. C'est comme ça que se déroule l'initiation à la méditation Vipassana (signifiant « voir ce qui est » en sanskrit) selon les enseignements de Sri Goenka. C'est une véritable chirurgie de l'esprit.

Observer les sensations du souffle dans le petit triangle en-dessous des narines d'une manière continue. C'est l'instruction essentielle qui nous servira de guidance pendant les trois premiers jours, soit les 33 prochaines heures de méditation.

L'objectif principal est de calmer l'esprit afin de le rendre plus disponible et malléable. C'est un véritable karcher à pensées. Mais avant d'être décapées, alors que je tente de conserver mon attention dans ce petit triangle, mes pensées semblent s'intensifier à la puissance TGV. Comme si le simple fait de donner un ordre à mon mental le transformait en adolescent rebelle. Absolument tout faire pour ne pas obéir à la règle. Si au moins ces pensées disaient quelque chose d'intelligent ou juste d'intéressant. Mais non, elles apparaissent telle une horde de puces surexcitées sautant anarchiquement et frénétiquement pour terminer inexorablement à la poubelle parce que vides et souvent ridicules. Je me navre moi-même d'être perturbée par de telles sottises alors que mon intention réelle est de maintenir fermement ma concentration sur les sensations de ma respiration à l'orée des narines. Mon mental essaie de s'échapper de mille manières en me faisant fantasmer sur le prochain repas, en me servant des souvenirs alléchants, en me rappelant la nécessité de recalculer sur le champ mon budget, en m'emmenant à tout va dans des conversations passées ou imaginaires avec des êtres chers et même parfois des inconnus. Tout lui semble bon pour me prouver qu'il existe et qu'il est le maître en la demeure. Cela joue avec mes nerfs et m'irrite, ajoutant de surcroît une montagne d'émotions à ces idées que je n'ai pourtant pas invitées. C'est totalement déprimant. Impossible de maintenir mon attention plus de quelques secondes en place. Je vacille entre les sentiments d'être fauchée par des tornades que je ne vois même pas venir et celui de me sentir disparaître dans une pesanteur cotonneuse et obscure. Le pire de ces sentiments est celui de revenir à moi - d'où ? Je n'en ai aucune idée - après plusieurs minutes de perte de conscience. Toujours assise mais complètement égarée, hors de l'espace-temps. C'est impressionnant et épuisant. J'ai l'impression de côtoyer la folie. Ma propre folie. Mon combat est bien là. J'y suis enfin. J'ai trouvé le moment, l'environnement et les enseignements porteurs pour ce face à face avec moi-même que je recherchais tant.

Au cinquième jour, les sensations plus ou moins grossières se transforment en un flux continu d'énergie traversant mon corps de haut en bas et de bas en haut. Je ne suis plus faite de matière, je suis pure énergie vibrante et lumineuse, une couleur bleu électrique à la place de ma colonne vertébrale. C'est d'une intensité folle, je prends l'ascenseur. Difficile de dire combien de temps le voyage aura duré. Assez pour que j'en revienne totalement délestée et remplie de la foi indestructible qui naît de l'expérience. Je suis conquise.

Fragments de Voyage au cœur de l'énergie, extraits de mon journal

Ainsi commença la quête, elle devint très vite et pour de nombreuses années l'existence même. Le monde tel un miroir reflétant la beauté, les obstacles, les dangers des chemins intérieurs à emprunter. Les transformations ne peuvent se suffire à elles-mêmes. Elles se succèdent et se dessinent telle une dentelle dont les motifs se multiplient à l'infini. La guérison à travers l'énergie est ma nouvelle vie.

Pai, Thailande

« Je n'ai pas foncièrement changé, je suis allée plus loin, dans beaucoup de directions différentes, avec une intensité se modifiant sans cesse et exigeant de continuelles adaptations aux gens, à la langue, à la culture, à l'environnement, aux touristes, à la monnaie, aux activités, aux plaisirs de la détente, à la recherche de ce qui me plait vraiment, des éléments que je déclare comme indispensables dans ma vie. Je suis allée plus loin dans l'acceptation du change-ment perpétuel entre frustration, quiétude, excitation, ennui… »

« Ne pas perdre la foi. La cultiver. Tous les jours. J'y suis dans mon monde. Il se forme à l'intérieur de moi aujourd'hui. Je sublime tous les horizons et les transforme en un rayon de lumière unique devant mes yeux, autour de moi. Je n'ai plus besoin de me désarti-culer telle la mort pour faucher mon passé, mettre à plat ce qui est strictement nécessaire et ouvrir un œil inquiet sur une source de lumière inconnue. Me concentrer désormais sur la vitalité de mon épine dorsale, de mon organisme et de mon corps. M'installer dans mon propre monde intérieur et communiquer avec une sensation de rayonnement et de sérénité. Me laisser guider en regardant l'univ-ers, allongée et la tête au repos, et sentir l'énergie descendre en moi. Ne pas chercher à l'extérieur, sur cette terre, l'équivalent de l'énergie universelle, sa force et sa perfection. L'appeler en moi et la faire circuler. »

« Révélation : ma puissance est dans mon ventre. Je l'ai gavé, serré, strangulé pendant des années. J'équilibre ce chakra et je diffuse l'énergie dans tout mon corps. J'avais pu offrir cette puissance dans mes relations de couple, mais l'avoir tout à moi a été impossible à gérer. Jusqu'à maintenant, j'ai voulu l'étouffer, la renier, l'enfouir dans ma chair. Désormais, en l'acceptant, je peux la canaliser, la diriger afin qu'elle emplisse mon intérieur et jaillisse toujours plus loin à l'extérieur. En devenant de plus en plus forte, puisque reliée, je pourrai la laisser se déverser sans tarir ma propre source. »

San Cristobal de las Casas, Mexique

« Quitter le miroir du monde et appeler le maître. Il est le guide vers l'inconnu et le gardien de l'inconnaissable. Le protecteur du passage des petites morts. Les dépouillements obligés qui permettent à la métamorphose d'opérer. »

LE MAÎTRE

« Le maître sanctifié

La croix immaculée

Je m'agenouille à tes pieds

La bise vient me caresser

Où est ton peuple

Celui des cimes subtiles

Celui des abysses récepteurs

Que ton pouvoir se manifeste
Que ton cœur guérisse
Je suis disciple et reine
Merci de me laisser suivre tes pas »

LA PETITE MORT

« Que le vent de la vie m'emporte
Que l'ombre devant ma porte
Soit balayée telle une feuille morte

Ma mémoire que je voudrais sans limite
Se laisse perturber par mes craintes de petite
A la recherche d'un trésor ancestral
Mes cellules me serviront de canal

Que le gris se fasse lumière
Que l'atome devienne prière
Je me dissous dans le vide
Et je redeviens poussière »

L'essence du voyage

Des milliers de kilomètres tantôt volés, tantôt roulés ou encore marchés pour finalement comprendre que le véritable voyage ne s'en encombre d'aucun. Comprendre que les seules frontières à la manifestation de nos désirs profonds sont celles de nos propres conceptions étriquées et des croyances limitantes récoltées de nos ancêtres, depuis la naissance, au sein de notre éducation et dans la perception que nous avons de notre société environnante.

Pourtant, il n'y a pas de guérison sans souffrance. Le mental est une créature d'habitudes et ses conditionnements peuvent nous amener à ouvrir et fermer éternellement des cercles de schémas néfastes et répétitifs. A la lumière de ce jour, je remercie les tourments émotionnels et mentaux qui ont été décisifs dans ma quête. Ils se sont avérés un véritable moteur pour me donner le courage du premier pas vers la liberté, ce saut de parachute aux allures de renaissance.

« Dorénavant, je voyage depuis mon canapé », nous lancera un jour Roger Zanoni, Maître de Rêves et artiste peintre renommé que Stephen me fera par bonheur rencontrer. Le voyage est avant tout intérieur et cette réalité que tout voyageur finit par rencontrer est sans doute l'un des plus grands enseignements du périple au long cours. Sans lui, le sens accordé au seul cheminement des routes du monde extérieur serait rapidement vain et empli d'une triste fatalité.

Au gré des décollages et atterrissages, des fluctuations émotionnelles, des digestions et intégrations[3] nerveuses, le cours du temps change de forme. D'un déroulement linéaire, il devient circulaire pour se déployer en une spirale ascensionnelle dans laquelle chaque

---

[3] Intégration : passage obligé du processus évolutif faisant suite à des prises de conscience. Le système nerveux a besoin de s'ajuster afin que la personne puisse incuber et incarner – métaboliquement et spirituellement - sa nouvelle réalité.

instant devint une occasion de pénétrer l'infini. L'infini de l'être qui détient ce pouvoir extraordinaire de créer sa vie avec chaque pensée, chaque parole et chaque geste.

« Tu descends avec la vue alors que tu ascensionnes avec la conduite. C'est essentiel de pratiquer ces deux mouvements comme une unité. », nous enseigne Padmasambhava, le second Bouddha. L'esprit ne s'embarrasse d'aucune frontière, et se réunir dans son espace à l'horizon illimité nous dévoile la grandeur de notre nature véritable. Se reconnaître dans sa lumière, c'est embrasser la totalité des êtres au sein de soi-même. Un soi qui peut se vêtir de toutes les formes et ne craint plus de se doter d'aucune. Ce soi dont le moteur est puissance d'amour éternel.

Magali Rochereau

VASTE COMME UN CIEL RENVERSÉ

Magali Rochereau a quarante-huit ans, mariée à Philippe, elle est mère de trois fils, Jack, Louis et Michel.

Magali a toujours été parisienne et a travaillé comme kinésithérapeute et ostéopathe jusqu'en 2017, date à laquelle on lui a diagnostiqué un cancer du sein.

Le bouleversement de la maladie l'a amenée à reconsidérer l'angle professionnel de sa vie, qui représentait une grande partie de son temps. Elle s'autorise à bousculer tout ce qu'elle avait construit jusque-là, pour poursuivre son rêve de radio, de musique et de voix.

Elle travaille actuellement au micro de France Inter et de la Fip, pour son plus grand plaisir.

Instagram: @acoupdepour.quoipodcast

Facebook: magali rochereau

Linkedin: magali rochereau

Podcast: https://podcast.ausha.co/magali-rochereau

Magali Rochereau

VASTE COMME UN CIEL RENVERSÉ

Il faut avoir en soi du chaos pour enfanter une étoile dansante.

– Nietzsche

J'ai réalisé le rêve de ma vie, je suis animatrice chez Radio France, enfin devenue cette femme que j'écoutais dans le poste, celle que j'imaginais en studio payée à toucher mon âme à travers les notes de musique.

On a le droit de se tromper d'orientation mais pour moi ce n'est pas le cas. J'ai vraiment l'impression d'avoir été très passive, d'avoir suivi ce que l'on me proposait parmi des carrières « efficaces » sans considérer la personne que j'étais, mes aspirations, mes forces, mes besoins, mes goûts. Le goût est amer car au moment où la maladie est entrée dans ma vie, en 2017, j'étais désemparée depuis longtemps, condamnée année après année à répéter les mêmes gestes bien qu'ayant étoffé ma pratique de kinésithérapeute de formations diverses. Je comptais les minutes qui me séparaient de la fin de la journée, pour pouvoir enfin prétendre à quelques heures plus vibrantes, que je m'efforçais de pimper encore davantage avec l'aide de trop de verres d'alcool.

C'est la question de la place qu'on est venu occuper dans le monde qui me préoccupait. Peut-on tomber malade de ne pas accomplir notre mission sur terre ? de ne pas se réaliser ? le manque est-il trop béant ? Après avoir traversé les affres des traitements contre le cancer, j'ai créé le podcast *À Coups de Pour Quoi*, une série d'interviews de survivants de la maladie avec en exergue la question du « pour quoi » en deux mots. J'ai créé ce podcast pour parler de l'après et des conséquences, au lieu de parler de l'avant et des causes, et aussi parce que le pourquoi de la maladie on n'en sait souvent rien. Se peut-il qu'un tel conflit à propos de la place que l'on occupe sur cette terre se joue en nous et qu'il déséquilibre notre organisme au point de lui faire développer des cellules malignes ?

Dans mon cas, le changement a été initié par le surgissement de la maladie. C'est comme si je l'avais attendue. « Il va se passer quelque chose » me suis-je dit— et elle est arrivée dans mon sang, dans mon sein, et s'y est installée pour toujours. Au début, je l'ai même prise à la légère, me persuadant qu'elle allait passer sans fracas. Mais en recevant une deuxième fois cette même annonce, mon avenir s'est avéré incertain. Cette fois sans nul doute—j'étais au pied du mur, dans l'obligation de trouver une issue pour vivre et donc de me transformer. Ma vie telle qu'elle se déroulait contenait les germes qui pouvaient me tuer.

Dans un premier temps j'ai pris soin de mon alimentation, je me suis attachée à retrouver la pleine conscience et me suis efforcée de pratiquer une activité physique régulière.

Puis s'est présentée la deuxième marche à franchir. Il me fallait comprendre les conflits qui se jouaient entre ceux qui partageaient ma vie et moi-même : entreprendre des discussions profondes avec mon mari, lui exposer à quelles souffrances m'avaient confrontée certains de ses choix ; parler avec ma mère pour essayer de comprendre les zones de noirceurs qui m'étaient cachées jusque-là, de génération en génération ; enfin, me confronter à moi-même, par l'intermédiaire de nombreux thérapeutes qui, chacun, m'aidait à prendre conscience de qui j'étais.

La maladie et ses traitements si difficiles à supporter ont continué de m'apprendre à me regarder différemment : je suis devenue une femme souffrante et fatiguée, sans cheveux, au regard nu, avec un sein. Le miroir m'a enseigné ma grande vulnérabilité, et j'en ai gagné une force infinie. Plus je me voyais diminuée et plus je commençais à ressentir de la considération pour moi-même.

Et de là l'escalier se poursuit en pratiquant des tests de dynamiques de vie. J'aborde cette question existentielle : que suis-je venue faire sur terre ? Je pleure en écrivant— je voudrais guérir de la maladie pour travailler à améliorer le monde.

À cet instant il devient manifeste que la place que j'occupe professionnellement n'est pas en accord avec moi. Je cherche par l'intermédiaire d'un bilan de compétences à comprendre l'orientation que je veux donner à mon travail. La réponse était en moi : la radio. Mais il me faudra six mois pour la formuler, et lorsqu'enfin je le fais devant la professionnelle qui se tient face à moi, son approbation du regard est décisive. Par son accueil, elle autorise cette nouvelle voie à exister.

La suite de mon aventure devient alors fluide : imminence des portes ouvertes de l'Institut National de l'Audiovisuel qui propose la bonne formation, réussite au concours d'entrée, puis obtention du diplôme et proposition de mes premiers contrats au micro des antennes en région. Une fois « professionnalisée », il s'agira pour moi de convaincre les personnes influentes de ma capacité à travailler à côté de chez moi, à Paris, au sein de la maison ronde de mes rêves, pour qu'elles m'aident à trouver les ponts pour y accéder. Puis le temps se ralentit, mon activité de veille sur Internet me permet de trouver les bonnes opportunités de stage, et l'abnégation et l'opiniâtreté dont je fais preuve finissent de tisser les liens qui me relient à ma nouvelle mission mois après mois.

Lorsque je repense à cette femme que j'étais, perdue dans le dégoût d'elle-même, je ressens une grande bienveillance et beaucoup d'amour. Je voudrais arriver un soir devant la porte de son cabinet comme la dernière patiente de sa journée, sonner à l'interphone, et lui raconter la grande aventure qui se tapit en elle.

J'imagine le dialogue que la femme que je suis devenue aurait avec la femme que j'étais. Un dialogue imaginaire entre moi aujourd'hui, la « femme radio », et moi hier, la « femme kiné ».

La femme radio :

- T'es arrivée à l'heure ce matin ? Ton patient ne t'attendait pas devant la porte ? T'as bien enchainé affamée sans pause jusqu'à 14h avec juste une toute petite salade pour mettre fin à tes vertiges ? Tu rentres dans ton jean ? Tu as mis des talons ? On ne voit pas tes cheveux blancs ? T'as pas vu la lumière du jour du matin au soir ? T'as envie de crier ? Tu détestes tout le monde ? Tu comptes les minutes à partir du début de chaque séance en répétant exactement les mêmes gestes, quitte à vouvoyer tes amis quand tu les soignes tellement tu n'arrives pas à sortir de cette routine ? Quelle est ta joie aujourd'hui ? Claquer des sous chez Petit Bateau entre deux rendez-vous ? T'es-tu autorisée un sandwich et un coca ? T'es arrivée au bout de ta journée sans avoir pleuré ?

- …

- Je voudrais te prendre dans mes bras, regarder à l'intérieur de tes beaux yeux clairs, mettre la main dans tes cheveux, te dire de ne pas t'inquiéter si tu n'auras pas droit à ta retraite entière. Parce que tout ça va s'arrêter pour toujours. Je voudrais voir ta tête, sentir ton cœur battre un peu plus fort sous ta blouse impeccable.

La femme kiné, avec un léger sourire :

-   Quoi ? Pour toujours ?

La femme radio :

-   Tu me dirais « ça fait peur « , je te répondrais « oui, il y a un prix, il est bien salé, mais il faut ça Magali, tu vois bien que tu ne te sors pas de là toute seule ». T'es tellement malheureuse que je crois bien que même si tu avais en main les cartes du destin, si le marché était clair, Magali, si on t'avait dit « ta vie sera accrochée à un fil pour le reste de tes jours, tu ne seras jamais sûre d'être encore là l'année d'après, tu vivras percluse de médicaments qui te vieilliront trop vite » je pense que tu aurais signé.

-   …

-   C'est le cancer que tu as pris sous ton bras ; et pas n'importe lequel, d'emblée celui qui est métastatique, celui qui est déjà beaucoup trop grave quand on le découvre. Il fallait ça.

On irait sans doute boire un verre de blanc un peu trouble en face du cabinet, je m'assiérais à côté de toi et je garderais ma main sur ton bras, mes yeux dans les tiens. Peut-être qu'après avoir trempé tes lèvres, ta main tremblerait un peu en reposant ton verre, et tu commencerais par vouloir être certaine.

La femme kiné :

-   Je ne reviendrai plus jamais ici ? je ne ferai plus ce métier, jamais, c'est ça ?

Et tu rajouterais, maline :

-   Y a autre chose qui m'attend ?

Je te dirais oui, et tu en déduirais que ce n'est pas la vie qui s'arrête, non, c'est une deuxième chance : le plus beau cadeau enveloppé du papier le plus visqueux. La chance de devenir qui tu es, et celle aussi de garder ceux qui te sont chers près de toi. Tu serais excitée.

La femme kiné :

-   Allez, raconte maintenant !

La femme radio :

-   Tu vas connaître la peur, la peur de mourir. C'est elle qui va te permettre de tout changer : le souffle froid derrière la nuque, les cathéters, les transfusions, les gouttes à gouttes, les réveils blancs de frousse au milieu de la nuit, les matins blêmes de panique, les calculs et les coups de poker avec le destin, les regards à tes enfants, pas sûre de les accompagner longtemps, les nausées les jours de résultats, la trouille bleue, …, et ta nouvelle vie apparaîtra jour après jour, heure après heure. Petit à petit, tu vas t'autoriser à croire en une autre histoire, et en même temps tu commenceras à te considérer. A la fin, tu t'aimeras.

Tu vois, là je te touche, je te regarde, je t'aime, et ça te donnera la force de croire en toi, c'était juste ça.

La femme kiné :

-   Et c'est quoi le cadeau ?

La femme radio :

-   De là où je te parle, ce n'est pas fini, ça peut aller encore bien plus loin alors ne commence pas à limiter tes croyances ; c'est quoi ton rêve ?

La femme kiné :

-   Attends j'ai un peu chaud là, il faut que je boive quelque chose. Demain, comme d'habitude, sera douleur, fatigue et tristesse. J'ai pourtant deux enfants bien portants, un mari aimant et des conditions de vie confortables, avec de jolies vacances. Alors d'où vient cette insatisfaction permanente ? Ce besoin de m'échapper chaque soir avec un verre, puis deux, puis trois, pourvu que l'on rie et que l'on vibre, pourvu qu'il se passe quelque chose d'intéressant enfin ! Sinon, c'est l'ennuie à perte de vue ; j'ai beau être surchargée de travail, d'enfants à gérer, de courses à faire, d'invitations à honorer ou à rendre, je m'ennuie, avec le sentiment d'attendre qu'il se passe enfin un truc. Ça ne peut pas être tout.

Un jour une de mes patientes a une réaction que je mémorise profondément. A la fin de sa séance, elle me regarde fixement et me dit : « Vous pourriez faire autre chose ». Je sais, mais je suis noyée par les obligations de rentabilité, de factures à payer pour entretenir cette vie qui passe inexorablement. Je n'ose même pas penser que je pourrais être au même endroit le jour où je prendrai ma retraite. Je suis proche de la crise d'angoisse, c'est dangereux d'attendre un événement qui n'arrivera sans doute pas.

Mon rêve c'est de sortir de cette petite salle mal éclairée, et de faire autre chose que toucher le corps des patients. Je voudrais changer de place avec la fille qui parle au micro de cette radio que j'écoute toute la journée. Continuer à toucher les gens, mais avec ma voix.

La femme radio :

- A ce moment-là, tu ressemblerais aux enfants qui font leur liste au Père Noël, un sourire naïf sur les lèvres et le regard mal assuré qui sait que c'est un peu trop, que ça ne va pas passer, que le vieux bonhomme en rouge, ce n'est pas non plus un magicien.

C'est à mon tour de te parler de ce moment où le destin fait irruption, gigantesque, fracassant la vie, et permettant du même coup d'imaginer une sortie. Le tournant s'amorce avec un test de grossesse positif : *Michel*, ce bébé que tu es allée chercher seule contre toute raison, trois enfants c'est trop pour toi, et contre l'avis initial de ton mari. La nouvelle de cette grossesse t'effraie, te fais douter, et pleurer.

Michel, ton troisième fils, pointera son doigt vers un carcinome infiltrant que les médecins n'avaient pas su identifier dans ton sein gauche, malgré leurs analyses. Après cette grossesse, le carcinome est apparu fier, immense, dévorant tout l'espace du sein et tous les ganglions lymphatiques placés sous ton bras.

« C'est un cancer grave et massif. »

Cette phrase va te réveiller la nuit, elle ne te laissera pas de repos. Elle te mangera jusqu'au moment où tu décideras d'y faire face, d'aller plus loin que la chimiothérapie, la mastectomie, la radiothérapie et l'hormonothérapie. Ton histoire, c'est de dépasser les limites qu'on te donne et de comprendre que la chandelle est au-delà du jeu qu'on te propose.

Tu te souviendras de Valérie, ta patiente qui a choisi ses propres règles contre le cancer du sein. Alors tu décideras de l'appeler et un matin pâle de février sur le boulevard Bonne Nouvelle, elle décrochera à ton appel et t'offrira ses contacts pour consulter d'autres thérapeutes en plus de ceux de l'Institut Curie. Et la grande aventure se met en branle, tu passes par l'Italie et la Suisse, tu en reviens avec d'autres mauvaises nouvelles, folle de peur, prête à tout pour obtenir les traitements appropriés.

Une autre mastectomie. Sur la route qui se dessine, tu sais reconnaître tes alliés— ceux qui ont les mots importants, et un jour viendra où tu seras prête à te transformer en la femme que tu es.

Cette route emprunte le biais d'une formation radio : concours d'entrée, diplôme, puis des contrats courts chez France Bleu, où tu fais tes armes dans les larmes et la douleur. Grâce à cette première embauche, France Inter te contacte, et ton fantasme commence son existence à Paris. L'année qui suit, tu postules pour un stage chez FIP, et ton grand rêve pointe le bout du nez ; pendant ce stage tu vas poser la texture de ta belle voix sur le micro rose adoré.

Aujourd'hui, du pays où je te parle, tu as un contrat régulier chez France Inter, et régulièrement, tu montes au 7ème étage, ton ciel, chez FIP avec la promesse que la prochaine place libre sera pour toi. Tu ne soignes plus que les corps de tes proches et ça te fait très plaisir de conserver cet art dans tes mains. Mais ce n'est plus ton métier. »

Ces mots flottent en moi, comme une vérité qui attendait son heure. Je ferme les yeux et laisse l'instant s'étirer, s'imprimer dans ma mémoire. Cette salle, ce lieu où j'ai tant donné, où j'ai perdu et retrouvé des morceaux de moi-même, appartient désormais au passé. Je ne suis plus celle qui portait cette blouse, celle qui répétait inlassablement les mêmes gestes, le même sourire, cachant les fissures qui se creusaient en dedans. Ce corps— mon corps— a traversé des tempêtes, il a porté le fardeau du changement, et aujo-urd'hui, il est enfin libre.

Je quitte mon moi du passé, doucement, sans bruit. Un adieu sans regret, juste un murmure. Le monde à l'extérieur m'accueille avec une fraîcheur nouvelle. L'air du soir m'enveloppe, comme un souffle bienveillant. Chaque pas que je fais résonne comme une promesse, une invitation à avancer, sans crainte, vers l'inconnu. Je marche, le cœur léger, et les souvenirs se mêlent aux bruits de la ville. Je pense à ces jours d'avant— l'épuisement, l'enfermement. À ce temps où je n'étais qu'une ombre, une silhouette aux gestes mécaniques, tentant de combler un vide que rien ne semblait pou-voir apaiser.

Mais la vie a son propre chemin, son propre rythme. Elle m'a bousculée, m'a forcée à ouvrir les yeux, à écouter ce murmure intérieur qui me disait que quelque chose devait changer. J'ai suivi ce murmure, malgré la peur, malgré les doutes. Et aujourd'hui, je me tiens là, face à moi-même, prête à accepter cette vérité. Ce n'est plus mon métier, non. C'est un vêtement que j'ai laissé derrière moi, un rôle que j'ai joué trop longtemps. Désormais, je suis nue face à l'avenir, avec rien d'autre que ma voix, mon souffle et ce désir brûlant de toucher le monde autrement. Le vent caresse mon visage, m'invite à respirer plus profondément. La nuit s'étend devant moi, infinie, pleine de mystères. Je n'ai plus peur de l'inconnu, car je porte en moi la lumière qui me guidera. Ce micro, ce rêve qui m'a tenue debout, n'est qu'un début. Une nouvelle page, encore blanche, attend que j'y dépose mes mots.

Je lève les yeux vers le ciel, et les étoiles me rappellent que tout est possible, que la vie est vaste, que l'horizon est toujours plus loin. Je marche, sans hâte, chaque pas en accord avec ce que je suis devenue. Chaque respiration est un hommage à la vie, à ma vie, que je façonne désormais selon ma vérité.

Ce chemin est mien, et je l'embrasse, avec la certitude que je suis à ma place, là où je dois être, enfin.

Laetitia Garreau

DESTINATION BIEN-ÊTRE

Laetitia est praticienne en massages bien-être à Tahiti, spécialisée dans l'utilisation de techniques ancestrales qui favorisent la guérison et le bien-être.

Originaire de Tahiti, elle a grandi sur cette île dans une ambiance chaleureuse entourée de ses parents et de ses sœurs, et y a créé des souvenirs heureux et joyeux.

Après des études en école de commerce en métropole, elle a choisi de revenir s'installer sur son île natale, pour y retrouver ses racines, y construire sa vie et fonder sa famille. Avant de se consacrer pleinement à sa passion pour le massage bien-être, elle a exploré divers domaines, dont l'immobilier – des familles ont bénéficié de son expérience pour construire sur leurs terres - ainsi que le marketing et la vente. Ces expériences lui ont permis d'acquérir des compétences qu'elle met aujourd'hui au service de sa pratique thérapeutique. Grâce à son parcours commercial, Laetitia a également développé une écoute attentive lui permettant de mieux cerner les besoins profonds des personnes qu'elle accompagne au cours de ses soins.

Maman d'une petite fille et en couple, Laetitia suit un chemin de développement personnel qu'elle cultive à la fois pour elle-même et pour ses clients.

Au-delà de procurer détente et soulagement de certaines douleurs, elle considère les massages bien-être comme un outil puissant pour se reconnecter à son corps, à ses émotions et à ses ressentis. Pour elle, ces soins sont des alliés précieux pour soutenir à la fois le corps, l'esprit et l'âme.

Elle croit fermement que chaque être humain a le potentiel de guérir et de se transformer, c'est cette conviction profonde qu'elle applique dans sa pratique quotidienne pour contribuer à un monde plus serein et harmonieux.

Pour découvrir les soins que propose Laetitia :
Site web: http://www.matariitahiti.com/
Facebook: Matarii - massages à Tahiti
Instagram: matarii_massages_tahiti

Laetitia Garreau

DESTINATION BIEN-ÊTRE

Ce n'est que dans la mesure où l'homme trouve
du sens qu'il se réalise.

– Viktor Frankl

En 2019, alors que j'étais enceinte de ma fille, j'ai découvert par hasard une vidéo de Sarah Roubato sur YouTube qui m'a interpellée. Dans cette vidéo, Sarah présente sa lettre intitulée « Trouve le verbe de ta vie : lettre à un ado ». À travers des mots choisis avec soin, elle encourage les jeunes à identifier ce qui les passionne vraiment, à trouver les verbes qui les motivent, à avancer, plutôt que de se concentrer uniquement sur le choix d'un « métier ».

Bien que cette vidéo s'adresse aux adolescents en quête de direction, ses conseils sont également pertinents pour toutes les générations. Pour ma part, elle a suscité une réflexion sur comment donner plus de sens à ma vie et repenser ma carrière professionnelle, réflexion qui s'est intensifiée avec l'arrivée de mon bébé.

La période de ma grossesse a été un véritable tsunami. Et ce n'était pas simplement à cause des hormones ; c'était bien plus profond que cela. J'étais à la fois très heureuse et déconcertée. Mes intérêts avaient changé, je me sentais parfois triste, découragée, fatiguée et irritée et je culpabilisais beaucoup. Cette période a été compliquée à traverser. Mais elle a aussi été positive puisqu'elle m'a permis de me découvrir.

LE JOUR OÙ JE SUIS DEVENUE MAMAN

J'avais 32 ans lorsque ma fille Temiki est née prématurément après seulement sept mois de grossesse. Elle pesait 1,6 kg et mesurait 42 cm. Elle a immédiatement été transférée au service de Néonatologie de l'hôpital, où elle est restée pendant 4 semaines. Pour son papa et moi, notre nouvelle vie de parent à veiller sur notre fille a commencé avec des écrans qui clignotent, des alarmes qui sonnent et des fils accrochés à son petit corps.

Très vite, j'ai ressenti beaucoup de culpabilité. La culpabilité de ne pas avoir réussi à aller jusqu'au terme de la grossesse, mais également celle d'avoir dû provoquer sa naissance pour me sauver moi. Je me suis aussi sentie coupable de ne pas avoir accouché par voie basse, mais par césarienne.

Je me souviens du moment où le gynécologue nous a annoncé à mon conjoint et à moi que la situation se détériorait et qu'il allait préparer le bloc opératoire pour me faire une césarienne d'urgence.

Mon conjoint, pressentant que notre fille allait naître ce jour-là, était arrivé plus tôt à l'hôpital. Confiant, il m'a dit : *« elle va bien, elle est prête à nous rejoindre »*. Mais moi, je n'étais pas prête. J'ai fondu en larmes. J'étais terrifiée à l'idée de perdre mon bébé.

Ma tension était extrêmement élevée et mes organes présentaient des lésions. Hospitalisée depuis deux semaines à l'unité grossesse à risque pour une prééclampsie, une complication de la grossesse mettant en danger la mère et l'enfant, on m'avait prévenu que je n'irai pas au terme, que l'accouchement devrait certainement être déclenché par césarienne d'urgence mais qu'on ne savait pas quand cela arriverait. L'hypertension et la présence des protéines dans les urines sont les deux principaux symptômes de la prééclampsie. Le seul traitement est l'accouchement.

J'étais à la fois angoissée et pleine d'espoir. Cet espoir reposait en grande partie sur ma confiance dans les soins médicaux et l'équipe de l'unité grossesse à risque ainsi que du service néonatologie.

Lorsque je suis arrivée au bloc opératoire, l'équipe chirurgicale m'attendait aux côtés du médecin anesthésiste. Quelques jours auparavant, nous avions discuté de mon état de santé. Il m'avait expliqué qu'en raison de mes résultats sanguins, si une césarienne d'urgence devait être nécessaire, je ne pourrais pas bénéficier d'une anesthésie de la moitié du corps, mais seulement d'une anesthésie générale.

J'étais très anxieuse à l'idée d'être endormie sur la table d'opération. Pour m'aider à gérer mes craintes et mon stress liés à l'intervention chirurgicale, le médecin anesthésiste m'a proposé des exercices d'autohypnose. C'était ma première expérience avec l'hypnose.

Tout s'est enchainé très vite. J'entendais l'équipe médicale préparer le matériel autour de moi. Je commençais à paniquer puis je me suis souvenue des exercices que j'avais fait avec l'anesthésiste. J'ai réussi à me détendre, à entrer en autohypnose et imaginer mon lieu de sécurité, mais également à faire abstraction des bruits. Grâce à l'autohypnose, j'ai abordé la césarienne avec plus de sérénité.

Après l'intervention, je n'ai pas pu voir ma fille immédiatement, car je devais rester alitée encore 24 heures. Mon conjoint, qui était avec elle en néonatologie, me tenait informée et me rassurait. Lorsque j'ai enfin vu Temiki pour la première fois dans son incubateur, si petite avec ce gros masque, j'ai de nouveau ressenti une profonde culpabilité. Le masque lui couvrait tout le visage pour l'aider à respirer. Elle était perfusée et son petit corps était relié par des fils à divers équipements. Je lui ai dit « mon bébé, je suis tellement désolée pour ce que je t'ai fait ».

Trois jours plus tard, j'ai pu enfin la prendre contre moi en peau-à-peau. Délicatement, l'infirmière l'a déposée sur moi. J'ai ressenti un immense amour et une connexion indescriptible. A cet instant-là, je me suis véritablement sentie maman, grâce à ce contact physique. Son papa a également pu vivre ce moment unique.

Au fil des jours puis des semaines, grâce aux soins de qualité et aux longues heures de peau-à-peau avec son père et moi, la santé de notre bébé s'est améliorée. Elle se sentait en sécurité, lovée dans nos bras. Elle respirait mieux, les alarmes des appareils de surveillance sonnaient moins souvent. Elle ressentait notre chaleur, sentait nos odeurs, entendait les battements de nos cœurs, elle reconnaissait nos voix et percevait la douceur de nos peaux. De plus, étant nourrie par sonde, le peau-à-peau l'a aidée à mieux digérer. Elle régurgitait moins et prenait du poids. Ces moments de douceur, entre elle et nous, nous ont beaucoup aidés et nous ont réparés.

QUAND LE TOUCHER DEVIENT SIGNIFICATIF

Les câlins si précieux que je partageais avec ma fille m'ont fait réaliser à quel point le toucher pouvait influencer son bien-être et sa santé. Ils n'étaient pas seulement réconfortants, ils étaient essentiels à sa survie et son développement.

La peau est l'organe le plus étendu et le plus lourd du corps humain, ce qui fait du toucher le sens le plus important chez l'homme. Nous pouvons vivre sans voir, sans entendre, sans sentir et sans parler, mais nous ne pouvons pas vivre sans toucher ni être touchés. C'est d'ailleurs le premier sens à se développer chez le bébé lorsqu'il est dans le ventre de la maman, et le dernier sens à s'éteindre avant la mort. À mesure que nous grandissons, ce contact tactile, qui est généralement assuré par les parents, peut s'estomper ou se perdre, sans parfois trouver de substitution. C'est là que le massage prend tout son sens.

Je me souviens d'une dame âgée que j'ai massée un jour. Bien qu'elle eût déjà reçu d'autres massages, elle s'est mise à pleurer à chaudes larmes lorsqu'elle s'est relevée de la table. Je lui ai demandé si elle voulait partager son émotion avec moi. Elle m'a alors raconté que sa maman était décédée lorsqu'elle était enfant, et que le massage avait fait remonter à sa mémoire les câlins bien-veillants de sa mère. Elle a ajouté que son mari, peu tactile, ne la touchait presque jamais.

Cette rencontre a renforcé ma conviction de l'importance du toucher et du massage. Ce dernier n'est pas seulement une technique de relaxation ou de soin du corps ; il peut aussi raviver des souvenirs ou combler un manque affectif.

J'ai commencé à m'intéresser au massage lorsque ma fille était bébé. L'expérience de sa prématurité a renforcé notre lien, au point que, les mois qui ont suivi notre sortie de l'hôpital, nous avons continué le peau-à-peau et j'ai commencé à la masser de façon intuitive. Le massage lui apportait un tel bien-être qu'il est devenu son rituel du soir, avant de s'endormir.

ALIGNEMENT DE MON TRAVAIL AVEC MES VALEURS

A mon retour de congé maternité, j'ai ressenti un décalage avec mon métier de commerciale pour un promoteur et aménageur foncier. Ce qui me dérangeait, c'était la priorité accordée aux objectifs financiers de l'entreprise plutôt qu'à la satisfaction du client.

Or, ce que j'appréciais le plus dans mon métier était d'accompagner mes clients dans l'une des étapes les plus importantes de leur vie. En effet, posséder sa propre maison est le rêve de beaucoup et acheter une propriété ou un terrain pour y construire sa maison est souvent l'achat le plus important que l'on fait dans une vie.

Accompagner mes clients tout au long de ce processus d'achat et avoir un impact positif durable sur leur vie était ce qui me motivait le plus. Il n'y avait rien de plus gratifiant pour moi que de voir la joie sur le visage d'un client qui venait de signer pour son terrain ou sa maison.

La satisfaction du client est cruciale, non seulement pour maintenir une bonne relation, mais aussi pour construire une réputation solide. A mes yeux, l'humain doit être au centre des préoccupations dans ce métier.

Or, dans le contexte dans lequel je travaillais, certains engagements de l'entreprise n'étaient pas respectés, ce qui avait affecté la relation et la confiance avec certains clients. Cette situation me dérangeait profondément, les valeurs de l'entreprise ne me correspondaient plus.

Ce sentiment d'insatisfaction était exacerbé par l'expérience de ma maternité et de mon séjour en milieu hospitalier. J'avais besoin de redonner un sens à ma vie professionnelle et de me réorienter vers quelque chose qui me correspondait mieux, sans pour autant savoir encore ce que je voulais, ni dans quelle direction aller.

Cette période a été très inconfortable pour moi. Elle m'a conduite à démissionner de mon poste quelques mois plus tard.

Heureusement, j'ai vite retrouvé un emploi comme responsable pour deux magasins discount.

Ce fut une expérience très enrichissante professionnellement et personnellement. J'ai pu développer mes compétences en gestion tant au niveau administratif que commercial. Sur le plan humain, j'avais la responsabilité de manager une équipe de six personnes. Ce que j'appréciais le plus dans ce rôle était d'impulser une énergie positive à mes équipes tout au long de la journée pour atteindre nos objectifs de vente. Ensemble, nous avions réussi à créer une atmosphère agréable et motivante pour tous.

Malheureusement, la crise sanitaire nous a contraints à fermer un magasin sur deux par manque de marchandises.

En parallèle, mon conjoint, qui dirige sa propre entreprise dans le bâtiment, avait besoin d'aide administrative. Il m'a proposé de rejoindre son équipe. J'ai accepté par amour et parce qu'il me semblait tout naturel que je lui apporte mon soutien. Nous savions néanmoins que ce serait provisoire.

EXPLORATION INTÉRIEURE

J'ai toujours été intéressée par la dimension psychologique des relations et les comportements humains au point d'avoir envisagé de faire des études de psychologie quand j'étais plus jeune.

En 2014, une amie m'a conseillé de lire un livre alors que je traversais une période difficile : *Transformer votre vie* de Louise Hay. Ce livre explore comment nos croyances, souvent enracinées depuis l'enfance, peuvent influencer notre corps, notre mental et notre « chance » dans la vie. Il aborde également le processus de changement : comment l'initier, surmonter la résistance, et construire un nouveau monde basé sur des pensées saines et positives.

Ce livre m'a ouvert les yeux et introduite à l'étude du développement personnel. J'ai alors consulté d'autres ouvrages, regardé des vidéos, des conférences TEDx et des interviews sur ce sujet.

Puis en 2020, alors que je me questionnais sur ma carrière professionnelle, j'ai suivi une formation en développement personnel qui a révélé en moi un talent que je ne soupçonnais pas. En effet, lors d'une mise en situation guidée par Sophie, je me souviens que plusieurs participants avaient perçu que j'avais « une sensibilité particulière » avec mes mains. Sans le savoir à ce moment-là, cette sensibilité de mes mains allait me conduire au massage bien-être et en faire mon activité professionnelle.

Entre-temps, j'ai suivi plusieurs formations, notamment en hypnose et en autohypnose. Mon expérience positive avec l'anesthésiste à l'hôpital m'a donné envie d'approfondir mes connaissances sur cette méthode douce. Grâce à cet outil que je trouve extraordinaire, j'ai eu l'occasion d'explorer mon monde intérieur. Au cours de ces explorations, j'ai examiné mes valeurs : celles qui me font agir au quotidien, celles que je n'aime pas transgresser, celles qui étaient secondaires puis qui sont devenues centrales dans ma vie. Cela a mis en évidence l'importance de valeurs très claires pour moi : l'amour, le respect, l'humanisme, le partage et la tolérance.

TRANSITION VERS LE BIEN-ÊTRE

J'ai toujours su qu'il y avait des alternatives naturelles pour prendre soin de soi, en complément de la médecine conventionnelle. D'origine tahitienne et chinoise par ma mère, et française par mon père, j'ai grandi à Tahiti, où les traditions polynésiennes, en particulier les soins ancestraux, ont marqué mon enfance.

En effet, lorsque j'étais enfant et que j'avais des maux de gorge, ma mère me soignait avec des *Rā'au Tahiti*, des remèdes qu'elle préparait à partir de plantes médicinales locales aux propriétés reconnues. Je les utilisais en gargarisme, et en quelques jours, mes maux s'atténuaient. Pour les douleurs musculaires, elle me massait avec de l'huile de *Mono'i de Tahiti* que ma grand-mère préparait avec soin.

Ces remèdes (*Rā'au Tahiti*) et massages (*Taurumi*) sont au cœur de la médecine traditionnelle polynésienne et continuent d'être une partie intégrante de la vie quotidienne des familles qui s'efforcent de préserver cet héritage.

Autrefois, il n'y avait que les *Tahua*— ces guérisseurs et guérisseuses dotés du « don » hérité de leurs *Tupuna* (ancêtres) et ayant une vaste connaissance des plantes médicinales locales— qui pratiquaient ces soins, souvent associés à des croyances et accompagnés de prières.

Les *Rā'au Tahiti* et le *Taurumi* sont bien plus que de simples soins : ils incarnent une culture et un savoir-faire transmis de génération en génération. Bien que ma mère ne soit pas guérisseuse, elle croyait fermement en ces méthodes ancestrales et les a apprises en observant les *Tahua* préparer leurs remèdes.

Je me souviens d'une histoire que ma mère me racontait au sujet de ma grand-mère et qui l'a convaincue de l'efficacité des *Rā'au Tahiti*. Il y a plus de 30 ans, alors que ma grand-mère était atteinte d'un cancer du poumon, les médecins n'avaient plus aucun espoir pour elle, ils ne lui donnèrent que peu de temps à vivre. Ma mère décida alors de la confier à un *Tahua*. Une vieille dame les a accueillies chez elle. Sans dire un mot, elle observa ma grand-mère puis s'empressa de préparer son remède. Elle écrasa des plantes dans son *umete* (récipient creusé le plus souvent dans du bois) et prépara sa décoction, tout en marmonnant des mots en tahitien. Elle lui donna ensuite le *Rā'au Tahiti* en lui indiquant avec précision le dosage et la durée du traitement.

Un mois plus tard, le cancer de ma grand-mère avait disparu. Les médecins à l'Hôpital n'en revenaient pas, c'était un véritable miracle ! Ma mère ne leur a jamais parlé de la guérisseuse qui l'avait aidée, sans doute par pudeur mais aussi parce qu'à cette époque, les médecins occidentaux ne reconnaissaient pas la médecine traditionnelle. Aujourd'hui, les mentalités ont évolué et de plus en plus de tradipraticiens sont intégrés au sein des dispensaires et des hôpitaux.

Cet héritage, ma mère me l'a transmis. Le massage s'est ainsi imposé à moi comme une évidence et la naissance prématurée de ma fille a clairement renforcé mon désir d'approfondir le sens du toucher.

Début 2024, j'ai entamé une formation aux métiers du bien-être pour apprendre différentes techniques de massage. C'est à l'issue de cette formation que j'ai décidé de me lancer professionnellement dans cette voie en créant une société de massage à domicile et en entreprise que j'ai appelé *Matāri'i* (les pléiades).

C'est l'approche humaine dans le massage qui me plait : accueillir la personne dans sa globalité, dans son entièreté et pouvoir agir sur son corps physique et son état psychologique et émotionnel par le toucher bienveillant, la présence et l'écoute.

Ecouter, soutenir, accompagner, guider, chacun de mes clients (es) dans leur processus de vie est ce qui me motive. C'est mon fil conducteur, « les verbes de ma vie ».

À l'heure où j'écris ce chapitre, cela fait deux mois que j'ai commencé ma nouvelle activité de massage bien-être. Même si elle ne génère pas encore des revenus significatifs, je suis heureuse et épanouie dans mon travail.

C'est un nouveau chemin de vie qui s'est ouvert à moi, tellement enrichissant et passionnant ! Je compte bien le suivre en continuant à me former et en explorant d'autres pratiques liées au bien-être, afin d'enrichir mon approche et d'offrir une expérience encore plus bénéfique à mes clients.

A vous qui me lisez, j'espère que mon expérience pourra être une source d'inspiration positive pour vous.

Pierre d'Alboy

LA PEUR DU VIDE

Passionné par la nature et la nature humaine, Pierre d'Alboy est né au Sénégal, où il a grandi en parcourant le monde, notamment en Asie et en Afrique. Fort de deux décennies d'expérience en tant qu'éducateur spécialisé, il a consacré une partie de sa carrière à accompagner des enfants et des adolescents en difficulté.

Parallèlement, Pierre a développé une pratique intensive dans le sport de haut niveau et a suivi des formations professionnelles dans divers sports de pleine nature, obtenant des qualifications en tant que guide en haute montagne, moniteur de ski, ainsi qu'instructeur en voile et en canoë-kayak. Ces expériences diversifiées enrichissent son profil et ses compétences.

Praticien certifié en coaching, Pierre a exercé pendant dix ans en alliant ses deux métiers, en solo ou en collaboration avec des cabinets de conseil en ressources humaines, apportant son expertise au sein des entreprises.

En tant que fondateur et directeur de l'association T'Aider A, il a œuvré pendant cinq ans en faveur des enfants et des adultes touchés par le trouble du déficit d'attention avec ou sans hyperactivité (TDA/H).

Pierre continue d'exercer en tant que tarologue, numérologue et coach, cumulant plus de trente ans d'initiation, de formation et de pratique professionnelle dans ces domaines.

Pierre d'Alboy

LA PEUR DU VIDE

Connais-toi toi-même et tu connaîtras l'univers.

− Socrate

A ma fille Amélie

Ce témoignage s'adresse, entre autres, aux vilains p'tits canards, aux agités du bocal, aux trouillards courageux, aux rêveurs invétérés, aux poètes, aux clowns tristes, aux artistes en herbe, aux conquérants de l'inutile, aux stigmatisés, rejetés, abandonnés, aux aventuriers de tous poils, à tous ceux pour qui le chemin est escarpé mais qui n'en restent pas moins amoureux de la Vie sous toutes ses formes.

10 juin 1944, quatre jours après le débarquement en Normandie, une division SS « Das Reich » remonte vers le front et s'arrête dans le village d'Oradour-sur-Glane à une vingtaine de kilomètres de Limoges.

Au cours de l'après-midi, ayant réuni l'ensemble de la population sur la place du village, ces SS vont se livrer avec sauvagerie et violence à un massacre.

623 personnes – hommes, femmes et enfants – vont être brûlées, abattues et achevées. Les hommes dans des granges, les femmes et les enfants dans l'église. Seuls deux survivants pourront témoigner de cette tuerie.

Mon oncle Pierre d'Alboy, jeune frère préféré de mon père, y trouve la mort. Pourtant, rien ne le prédestinait à être à Oradour-sur-Glane ce jour-là. En effet, après l'annulation de son train, bombardé, qu'il devait prendre à Limoges pour retourner chez lui, un destin tragique l'a fait arriver juste la veille dans ce village, invité de dernière minute pour les fiançailles d'un ami.

Il avait 21 ans.

Mi-juin 1974, j'ai 21 ans, je porte le même nom et prénom que cet oncle. Un héritage inconscient légué par mon père en mémoire de son frère bien aimé qui se révélera lourd à porter.

Je suis en voiture sur une route des Vosges en direction de Strasbourg, de retour d'un stage de formation. En pleine ligne droite je provoque un accident spectaculaire et me retrouve coincé sous un poids lourd, par chance entre les deux essieux. Je viens de le percuter de front à cause d'un problème de frein sur ma vieille 2CV. Je suis incapable de bouger, et des témoins de l'accident me tirent de ce mauvais pas, le chauffeur du camion n'osant pas descendre par peur de voir une scène macabre.

Je m'en sors miraculeusement indemne avec quelques égratignures. Et je reprends ma route comme si de rien n'était, cette fois ci en stop, petit sourire aux lèvres, je l'ai échappé belle.

Ce n'est que bien plus tard, environ une douzaine d'années après, que je ferai le lien entre ces deux événements. A cette époque j'avais entamé un travail thérapeutique. Je cherchais entre autres à comprendre d'où venait ma compulsion à parcourir les montagnes, à prendre des risques, à me mettre en danger, à pratiquer des sports à risques, alpinisme, escalade, kayak sans modération, impulsivement, souvent en solitaire.

J'ai donc suivi une psychogénéalogie (cf bibliographie) avec un thérapeute. Cette pratique consiste avant tout à rechercher et réunir un maximum d'information sur trois générations, afin de construire une sorte d'arbre généalogique permettant de schématiser et de visualiser l'histoire d'une famille, d'appréhender la nature des liens entre ses différents membres ainsi que les dates et événements importants.

Bref, il s'agit de comprendre les agissements passés pour sortir de la boucle de répétition des événements, certains faits marquants de la vie des ancêtres pouvant rejaillir sur la génération actuelle.

C'est là qu'apparaît l'idée de « synchronicité » (Carl Jung) qui stipule que deux situations peuvent exister sans lien de cause à effet tout en étant dépendantes l'une de l'autre. Ces situations qui se produisent synchronistiquement[4] (même unité de temps) ont toutes

---

[4] Néologisme

la même empreinte énergétique mais elles s'incarnent à des niveaux différents. Finalement c'est l'association de ces deux situations qui prend un sens pour la personne qui les perçoit.

Je prends donc conscience, en reliant les deux événements évoqués plus haut, du poids de la charge émotionnelle que représente le fait de porter le nom d'un martyre mort pour la France (!) et du conditionnement qui en découle. J'y trouve, en partie, une réponse à mes questions existentielles.

Mon accompagnante me propose alors d'effectuer une sorte de pèlerinage ou d'action symbolique pour m'aider à sortir de la boucle de répétition et retrouver ma propre identité, distincte de celle de mon oncle. C'est ainsi que je me retrouve par un beau matin devant la gare de Limoges. Arrivé très tôt, à l'aurore, je prends le seul taxi disponible, direction les ruines d'Oradour-sur-Glane (le village détruit a été conservé tel quel en signe de mémoire et de lieu de recueillement).

Un autre signe me confirme alors que je suis au bon endroit au bon moment. En effet, mon chauffeur de taxi est l'un des premiers à être entré dans le village après le drame. C'est avec émotion que nous échangeons sur le pourquoi de ma visite.

Très vite je me retrouve devant la stèle commémorative où je peux me recueillir devant la plaque où figure le nom et le prénom de mon oncle. Drôle d'impression que de voir mes nom et prénom sur une plaque mortuaire.

Moment émouvant, je prends conscience de la douleur qu'a dû éprouver mon père à l'annonce de la mort tragique de son frère et surtout quand il est venu récupérer les quelques restes calcinés d'uniforme et de papiers d'identité qui ont permis de l'identifier. D'ailleurs, très peu de personnes décédées ce jour-là seront identifiées et pourront être enterrées dans un cercueil.

Je me rends compte que mon père s'est finalement très peu exprimé sur ce tragique événement.

Des mots échangés, des émotions partagées en famille lui auraient sans doute permis d'alléger sa souffrance, libérer sa prise de conscience et de faire vraiment son deuil tout en créant du lien entre nous. Quant à moi cela m'aurait permis de contextualiser ce qu'il avait vécu et de mieux comprendre les liens étroits qui le liaient à ce petit frère. Savoir ce qui a motivé mon père à me faire porter le prénom de son frère m'aurait sans doute aidé à moins en subir les conséquences. Mais le plus salvateur, ce que j'attendais inconsciemment, aurait été d'entendre qu'il m'aimait pour moi et non pour l'ombre de son frère.

Cependant, je suis aussi là aujourd'hui pour remplir une mission précise et symbolique afin de bien distinguer ma vie qui continue en tant que Pierre fils de Gabriel, de la vie de Pierre, frère de Gabriel, qui s'est arrêtée brutalement. Ainsi j'avais récupéré auprès de mon père, sans qu'il ne comprenne trop le sens de ma démarche, toutes les reliques de son frère encore en sa possession.

Une fois à l'écart des ruines du village dans un champ proche, j'ai fini de consumer ces restes morbides dans le recueillement, avec une intention et un grand respect pour cet oncle inconnu et à la vie si courte.

Pour finir, j'ai planté un épi de blé au même endroit comme une ode à la vie qui continue. Façon de clore la programmation et d'exister sans cet héritage. Puis je m'en suis retourné simplement, humblement, à la fois heureux d'être en vie et plus conscient du drame qui s'est déroulé ici. Je n'oublierai pas ces moments intenses.

De nombreuses années ont passé mais je porte toujours un regard attendri sur cet épisode de ma vie. Je peux dire que cette expérience, cette prise de conscience m'a sauvé la vie et évité de mourir en héros ou pour le moins permis de survivre.

C'est pourquoi, après un long chemin d'évolution personnelle, après avoir côtoyé et aidé de nombreux sportifs, alpinistes et cadres ou chefs d'entreprise, un constat s'impose :

Lorsque nous agissons dans divers domaines par compulsion, de façon excessive avec souvent une volonté quasi-morbide, poussé par des envies irrésistibles de se dépasser, attention danger.

Ne pas savoir ce qui nous pousse à ces excès, à mettre notre vie en péril et parfois celle des autres, à nous cramer physiquement, psychiquement et moralement, attention danger.

Bref si nous agissons sans mettre des mots sur l'origine profonde de cette agitation, le mur n'est pas loin. C'est une dépendance, un conditionnement.

Au mieux, dans le travail, le sport ou l'art, cela peut être valorisant, au pire, en cas de bascule dans l'alcool, la drogue ou la cigarette, et c'est déjà moins drôle.

L'enjeu est de risquer de passer à côté de l'essentiel, notre intégrité physique et psychique, notre couple, nos enfants, notre famille, nos amis, notre métier, la vie quoi ! Pour finir, nous détruire de l'intérieur, soit brutalement, soit au mieux à petit feu. Avec comme alibi l'amour de la nature, de l'effort, des sensations. Car fournir à ses actes une base solide et compréhensible accroît notre propre sécurité et développe notre intuition (T. Ungerer).

QUELQUES CLEFS POUR ÉVOLUER

Personnellement j'ai plongé dans mon passé familial, fais une introspection, demandé de l'aide, un accompagnement, entrepris une thérapie, exploré des pistes diverses et variées pour mieux me connaître et agir plus consciemment.

Ce qui m'a sauvé avant tout c'est justement la rencontre avec une femme exceptionnelle qui sera mon amie, ma mère d'adoption, mon initiatrice bref mon guide, mon Maître et ce durant de nombreuses années jusqu'à sa mort.

Elle était tarologue, numérologue, astrologue mais surtout entière, à l'écoute, discrète, digne et d'un grand professionnalisme. En un mot elle était vraie.

Conclusion : n'hésitez pas à demander de l'aide, à être curieux de rencontres.

Dans le même élan intuitif j'ai commencé à pratiquer le yoga. J'avais besoin aussi de prendre soin de mon corps malmené si souvent et de ma tête en effervescence, en un mot j'avais besoin de me poser, enfin. La respiration, la méditation, la concentration, la souplesse, le relâchement, sans parler de l'effort consenti pour réaliser les postures du yoga ont participé à mon équilibre de vie.

L'amour de la nature sauvage (bel héritage paternel et principal lieu de ressources et de vie de par mon métier de guide de haute montagne), ma passion pour les sports nature et mon enfance en grande partie passée en Afrique et Asie du sud-est, ont grandement participé à transcender et sublimer cette boulimie d'activités. Une façon extravagante de me retrouver a été d'ouvrir quelques voies en haute montagne (dont un sommet vierge au Pakistan) et en falaise, et de parcourir en solitaire quelques itinéraires emblématiques de Chamonix sur des sommets prestigieux. Sans compter le nombre de fois où je me suis éreinté sur des courses de ski alpinisme, de ski de fond, de marathon, de triathlon et j'en passe... mais je savais déjà après quoi je courais.

Un autre élément déterminant dans ma compréhension de la vie est l'exercice de mon métier d'éducateur spécialisé. Il m'a fait côtoyer de nombreux jeunes en grande détresse. Leur venir en aide, par effet miroir, a grandement contribué à restaurer mon identité (tout en ayant un temps d'avance). En prenant soin d'eux avec conscience, je prenais soin de moi.

Comment ne pas mentionner également le bonheur d'être père. Dans un premier temps, pris dans le tourbillon de ma vie d'hyperactif, je me suis senti démuni, dépassé, en train de reproduire un schéma familial, avant d'accéder peu à peu à une forme de maturité et d'assumer le mieux possible cette fonction paternelle. J'ai donc pris ma part dans l'héritage transgénérationnel et me suis rapproché de mes parents.

Ajoutez à tout cela une dose de créativité à travers la peinture, le chant et la musique pour exprimer des émotions enfouies, avec une bonne dose d'humour pour faire circuler l'énergie, prendre de la hauteur et le tour est joué ! Vous avez un bon cocktail efficace d'actions à entreprendre pour un meilleur confort intérieur et un bon équilibre.

Cette histoire personnelle m'ayant ouvert aux profondeurs de l'être humain dans toute sa complexité, je partage mes réflexions autour de la psyché (ensemble des manifestations conscientes et inconscientes de la personnalité d'un individu) et des bienfaits du travail sur soi.

L'origine de nos maux prend la plupart du temps naissance dans les blessures de notre enfance et qui plus est de notre petite enfance (conception, gestation et naissance incluses). Il n'y a rien d'extraordinaire à cela. Le plus dur est d'identifier nos conditionnements, nos dépendances héritées de cette période qui entravent l'accès à notre vraie personnalité. Ils ont pris naissance dans notre adaptation ou sur-adaptation (c'est-à-dire aux détriments de nos besoins) à notre environnement familial, social, éducatif, en réponse à des situations traumatisantes, des émotions envahissantes pour lesquelles nous étions démunis, sans défenses, sans réponses possibles.

Il faut beaucoup de patience, de temps, d'énergie et de courage pour identifier puis laisser tomber les conditionnements, les dépendances tout en restant pleinement vivant.

Le chemin est étroit pour qui veut apprendre à voir, à se débarrasser de ses peurs, de ses doutes, de ses espérances vaines, et ainsi passer de la conscience d'enfant (le passé) à la conscience d'adulte (le présent). En un mot être mûr signifie être une personne autonome, digne de respect.

Bien souvent ce sont les épreuves traversées qui nous confrontent à la réalité, qui agissent comme révélateur et nous poussent à passer à l'action. La souffrance est là pour nous alerter sur nos zones d'ombre, essayer de les comprendre et de les dépasser.

La vie de couple est un lieu par excellence propice à un chemin d'évolution mais également révélateur de nos manques, de nos blessures, de nos doutes, de nos peurs, de nos illusions et de nos vains espoirs. Sans prise de conscience, sans retour sur soi, nous pouvons vite passer de l'amour à la haine. Mais quel lieu magique pour se transformer, changer de croyance, avoir un nouveau regard sur l'amour. Quelle école de patience, d'humilité, et d'acceptation et quel bonheur quand nous sortons par le haut que nous évoluons et faisons évoluer l'autre quand nous sommes dans le partage.

Mais sans conscience de ce qui se joue, l'effet miroir tourne à plein. Nous allons chercher inconsciemment chez l'autre notre part d'ombre, celle qui est douloureuse et par retour appuyer là où l'autre a mal ! Que de conflits en perspective.

Cependant la Voie du couple est une opportunité unique pour évoluer, se transformer, apprendre sur soi. N'ayons pas peur de nous faire aider une fois de plus et d'évoluer à notre rythme vers plus de partage, de bienveillance, de patience, de compréhension et de joie. Même le Plus Petit Pas Possible (retenir les 4P) est toujours un pas en avant.

Il est réconfortant également de ne pas oublier d'où l'on vient et de se réjouir du chemin parcouru.

Finalement une fois le sens des synchronicités perçu, s'ouvre un champ immense de recherches, de découvertes, de zones d'ombre autour du travail sur soi et vous n'êtes pas au bout de vos surprises quant aux fondements de vos souffrances, quant au bonheur d'être accompagné sur ce chemin étroit et à la joie de se sentir libéré.

En aparté, je partage cette confidence : il m'a fallu pratiquement quatre années de solitude pas forcément choisie mais pleinement assumée, pour effectuer peu à peu ma vraie transformation.

Décidément le temps psychologique n'a vraiment rien avoir avec Chronos, Dieu du temps et des heures qui passent.

Le temps, la patience, la détermination font partie intégrante de tout changement profond.

Je terminerai par ce que je trouve primordial, essentiel, à savoir s'ouvrir à une démarche méditative et spirituelle qui se résume simplement à respirer consciemment, vous êtes vivant.

Être relié à tout ce qui nous entoure, retrouver l'élan du cœur, ressentir la pulsion de vie et ce que représente la chance inouïe d'être un être humain, avec ses capacités insoupçonnées et largement sous-utilisées, voilà de quoi nous animer.

De façon à mettre ne serait-ce qu'une petite distance entre vous et votre corps, vous et votre mental, vous et la psychologie, et être conscient de vos actes, fermez les yeux, respirez consciemment, profondément, posez-vous calmement cinq minutes en silence, si possible dans la nature, sans rien faire…relâchez-vous, écoutez votre cœur battre.

Vous y êtes.

POST-SCRIPTUM : POURQUOI LE TITRE « LA PEUR DU VIDE » ?

Parce que je suis arrivé au monde avec la sensation de blanc, de vide, d'abandon, sans lien d'attachement sécure avec ma mère.

Mon agitation nerveuse, mon aspect rachitique, expressions d'une souffrance, n'ont pas été compris et j'ai passé une grande partie de ma vie à essayer de combler ce vide sidéral aux prix d'efforts colossaux pour être vu, reconnu, en faisant des tonnes pour « être aimé » malgré tout. Jusqu'au jour où j'ai compris que mes nombreuses photos debout sur des sommets vertigineux voulaient dire « maman regarde-moi ». Le lien est très étroit entre la montagne et la mère.

Ayant pris conscience de ces faux et vains espoirs, le vide a repris son sens premier de plénitude, la peur avait disparu et j'ai commencé à m'aimer tel que j'étais, et doucement à ouvrir mon cœur …

Mais ça c'est une autre histoire...

ANNEXE

Je vous mentionne une approche thérapeutique la PRI (cf. bibliographie) selon laquelle nous souffrons d'abord de nos mécanismes de défense, qui nous empêchent de ressentir la réalité insupportable de notre passé. C'est donc un mécanisme de déni de la réalité ancienne qui est la cause de nos problèmes émotionnels et de la souffrance que nous ressentons encore (V. Beaufort). D'où la nécessité d'être accompagné lors d'un travail sur soi pour se reconnecter à nos ressources internes et retrouver notre pouvoir créateur.

Un autre aspect à ne pas négliger et qui me touche particulièrement est le trouble neurodéveloppemental, plus connu sous le nom de TDA/H (Trouble du Déficit d'Attention avec ou sans Hyperactivité), qui génère des troubles du comportement. Cet handicap invisible, dont les manifestations sont parfois confondues avec des troubles psychiques mais qui relève avant tout de la neuropsychologie, peut éclairer voire expliquer bon nombre d'attitudes, de situations et de comportements inexplicables autrement.

BIBLIOGRAPHIE

Les Empreintes De l'Invisible de Tchalai

Aie Mes Aïeux d'Anne Ancelin Schützenberger (sur la psycho-généalogie)

Mon Cerveau A Encore Besoin De Lunettes d'Annick Vincent (TDA/H pour les nuls !)

Se Libérer De La Blessure D'abandon de Valérie Beaufort

Guérir Les Traces Du Passé d'Ingeborg Bonomo (approche thérapeutique P.R.I.)

La Voie Du Guerrier Pacifique de Dan Millman

Fanny Clappier

OSEZ, IMAGINEZ, BRILLEZ

Je m'appelle Fanny Clappier, j'ai 28 ans et suis originaire de Savoie. Je me qualifierais comme une entrepreneuse passionnée par la communication digitale et le marketing « humain ». Issue d'un Master en Stratégie Publicitaire et Communication Digitale, je me suis lancée dans le monde de l'entrepreneuriat à la sortie de mes études, en créant ma propre agence de communication « Alpine Com' ». Vivre de ma passion tout en contribuant à ma façon à un monde meilleur, est mon objectif depuis plus de quatre ans maintenant.

Je conçois des sites internet pour des passionnés comme moi qui souhaitent vivre de leur métier de coeur ainsi que tout l'univers graphique qui en découle. Toutes mes idées, je les puise au sein même de Dame Nature qui occupe une grande place dans ma vie.

J'aime laisser place à mon intuition et aux messages de mon cœur dans toutes mes créations.

Durant mon chemin, j'ai eu l'opportunité de me former dans différentes pratiques de développement personnel et médecines alternatives. Formée en Naturopathie, PNL, Coach RNCP etc… j'aime ouvrir mon esprit et développer ma curiosité.

À travers mes expériences et mon savoir, j'ai donc à cœur d'aider les entrepreneurs du bien-être grâce à un accompagnement holistique qui leur permet de vivre de leur activité. Ce programme du « Coaching Business » repose sur 3 piliers : mental, visibilité et bien-être.

Site web : www.alpinecom.fr

Accompagnement des entrepreneurs du bien-être : https://www.alpinecom.fr/coaching-business-2/

Instagram : https://www.instagram.com/alpine_com/

Facebook : https://www.facebook.com/AlpineCom

Fanny Clappier

OSEZ, IMAGINEZ, BRILLEZ

Osez, imaginez, brillez.

−Fanny Clappier

Trois mots, une phrase, une citation qui me porte depuis plusieurs années et qui a contribué à ma réussite professionnelle et personnelle. C'est ce que j'aimerais partager avec vous à travers mon histoire, en espérant qu'elle vous inspirera et vous donnera cet « élan » pour changer le cours de votre vie.

Quand j'étais petite, je voulais devenir vétérinaire. J'adore les animaux, leur amour passionnel et leur innocence qui les rendent à la fois si forts et si vulnérables. Puis en grandissant, on m'expliqua que pour devenir vétérinaire il fallait « s'accrocher », que les nombreuses années d'études pour y arriver étaient dures et longues. Comme beaucoup d'enfants, j'ai tout simplement abandonné ce rêve de petite fille pour chercher un autre métier qui me procurerait les mêmes sensations de papillons dans le ventre. On nous apprend à l'école et dans la société en général qu'il faut travailler dur pour bien gagner sa vie, que la sécurité réside dans le salaire que l'on va gagner chaque mois et que les études sont un passeport pour l'entrée dans la vie professionnelle, mais on comprend vite qu'il faut être sacrément intelligent pour réussir à faire de grandes études. Oui, on n'est pas aidés avec tout ça…

Malgré tout, ayant des parents entrepreneurs dans l'âme et n'ayant jamais eu de grandes difficultés à l'école, je décide de m'orienter vers une voie qui deviendra ma passion d'aujourd'hui : la communication et le marketing. Cinq années d'études supérieures et je continue encore aujourd'hui. Merci à mes chères croyances limitantes, qui me disaient que je n'étais pas faite pour les études supérieures. Ces cinq années qui ont été rythmées entre révisions, fêtes, rencontres, stages et réflexions, m'ont appris une notion si importante, que je la cultive encore tous les jours en tant qu'entrepreneuse : nos connaissances constituent une force d'autant plus mobilisable qu'elles sont guidées par un objectif. Et pour ma part, mon projet était d'ouvrir ma propre agence de communication, mais avant cela revenons quelques années en arrière…

Étudiante en alternance dans un groupe pharmaceutique, je me suis rendu compte au fil des mois qu'un besoin profond s'installait progressivement en moi : le besoin de liberté. Malgré le fait que ces deux années d'alternance furent riches et pleines d'apprentissages, je ne me sentais pas pleinement à ma place. J'étais comme enfermée et aspirée dans un tourbillon émotionnel qui était pour moi très inconfortable. Les missions que je réalisais ne me procuraient pas l'épanouissement auquel j'aspirais… Alors, pour combler ce ressenti d'un manque de liberté, je m'accrochais au fait de promouvoir une médecine alternative qui, elle, faisait sens pour moi.

Le soir chez moi, seule dans mon appartement d'étudiante, je commençais à imaginer mon futur. Qu'est-ce qui pourrait vraiment me faire vibrer et dans lequel les mots « sens » et « liberté » auraient toutes leurs places. Je m'imaginais alors indépendante, à mon compte, libre de choisir mon propre rythme de travail, d'exprimer ma créativité de la façon qui me convenait, et surtout de pouvoir écouter mon cœur, mon corps et mes intuitions sans que cela ne soit perçu comme « pas convenable » dans le monde professionnel. Malgré tout, mes propres croyances limitantes me murmuraient constamment dans l'oreille : « Ça ne marchera pas ; ce n'est pas assez sécurisant financièrement ; je ne suis pas à la hauteur ». Je ne vous fais pas un dessin, autant de blablas négatifs qui ne sont absolument pas constructifs pour la fin de mon cursus.

Lorsque la fin de mes études en alternance arriva, un choix s'offrait à moi : accepter un CDI dans lequel cette notion d'enfermement allait prendre beaucoup d'espace, ou bien cheminer seule, libre, vers un métier passionnel où je pourrais créer de toute pièce ma propre valeur travail et une entreprise à mon image. Sans surprise, vous savez déjà quelle option j'ai choisie. A partir de ce moment-là, une inspiration créative a commencé à germer en moi. Je me sentais comme un enfant à Noël, hyper-excitée à l'idée de voir ce qui m'attendait. La création de mon entreprise a été le plus beau cadeau que je me suis autorisée à vivre. J'ai accepté de donner de la place à mon intuition et à mon cœur, afin de guider mes actions vers le bon chemin. Et ce choix, je ne l'ai jamais regretté. Au premier jour d'ouverture de mon entreprise, j'avais déjà les signatures de quatre clients … Et dire que je songeais à prendre un mi-temps « puisqu'il faut trois ans pour commencer à vivre pleinement de son entreprise ». Vous imaginez ? Me lever à l'heure que je souhaite, organiser mes journées comme je l'entends, travailler en pleine nature si l'envie m'en prend, créer en pouvant suivre mon intuition et surtout être à l'origine de toute action et décision que je prends pour en être seule responsable. À l'heure où j'écris ces lignes, c'est ce qui rythme ma vie depuis plus de quatre ans maintenant. Mon métier de cœur, comme j'aime l'appeler, s'expanse chaque année encore un peu plus mais, puisqu'il y a toujours un mais, une année noire s'est entre-temps immiscée dans ma vie. Cette année-là, j'apprends que mon papa est frappé d'un cancer très avancé, que je me suis fait littéralement escroquer sur un mauvais investissement immobilier, sans oublier tous les soucis du quotidien… Cette situation engendra beaucoup de changements dans ma vie et non sans conséquence sur mon état d'être : peurs, angoisses, pressions, incertitudes, colères, injustices… Une grosse baisse d'activité a bien failli me coûter la fermeture de l'agence alors même que ma stratégie de communication était toujours la même. Sans jamais vraiment savoir quand tout cela allait s'arrêter, j'ai pu expérimenter une chose incroyable qui m'a permis de sortir la tête de l'eau : le pouvoir de notre mental et celui de notre bien-être intérieur influencent intimement les résultats que l'on peut obtenir dans notre vie professionnelle comme personnelle.

Le combat contre le cancer de mon papa a été pour moi l'un des plus gros challenges de ma vie. Mon héros, l'homme qui à mes yeux peut tout surmonter, devenait tout à coup en danger. Militaire de carrière, mon père a un esprit de fer. Combattant et plutôt cartésien, il décida de prendre cette maladie comme un challenge à relever et initia un traitement en hormonothérapie suite à la décision prise par les médecins de son service d'oncologie. Une grande source d'inspiration pour moi puisqu'à ce moment précis, j'étais en pleine formation de naturopathie. Depuis quelques années en effet, je me suis prise de passion pour les médecines alternatives où la naturopathie est à mon sens, l'école de la vie. Les synchronicités de l'univers sont parfois très surprenantes, n'est-ce pas ? Je décidai alors de me plonger dans l'accompagnement du cancer, pour tenter coûte que coûte de soutenir mon père dans sa lutte contre sa maladie. N'étant pas encore diplômée à ce moment-là, je l'oriente alors vers certain.es praticien.nes qui réalisent un travail incroyable pour ceux qui y croient. Ce cheminement complémentaire à la médecine générale, tant psychologique que physique, a fourni des résultats qui étaient bien loin de ce que nous aurions pu imaginer. Les médecins qui à l'époque n'étaient pas du tout optimistes et ne donnaient à mon père plus que quelques mois à vivre, ont été pour le moins très surpris des résultats. Plus aucune métastase n'est présente dans son corps au jour où j'écris ces lignes. N'oublions pas bon nombre de personnes qui croiseront la route de cette foutue maladie sans guérison notable, mais continuons à croire et à garder espoir pour la suite de notre histoire. Ce cancer a donné à mon père l'opportunité de changer sa relation à son corps, à son mode de vie et à sa façon de penser.

Durant cette même année, j'investissais dans ma future maison. Un projet qui initialement était censé être sécurisant et agréable et qui deviendra au fil des mois, le deuxième plus gros challenge de ma vie. Après trois visites de cette maison, et une dizaine de visites sur d'autres biens entre-temps, je ressentais intérieurement comme un appel. C'était elle et pas une autre. Quelques mois auparavant, la vie a placé sur mon chemin l'homme qui partage ma vie aujourd'hui. Celui qui rend mes journées lumineuses, avec qui je peux rigoler de tout, qui m'aime telle que je suis et qui m'épaule à chaque moment difficile de ma vie. Un homme que j'admire et qui fait battre mon cœur. Et entre nous, ces épreuves dures de la vie que nous allions vivre ensemble quelques mois après s'être rencontrés, n'étaient pas très séduisantes…

Nous voilà donc face à cette maison pour commencer les premiers petits travaux que nous avions prévus à l'achat. Déplacer une cuisine dans une autre pièce, créer une ouverture pour apporter de la lumière et rafraîchir la décoration pour la mettre à notre goût. Je me souviens encore du premier jour où je tapais avec mon marteau pour casser du placo. Plus les heures défilaient et plus nos visages se décomposaient. La maison était complètement remplie de vices cachés et de malfaçons…

Ce projet qui de base ne devait prendre que quelques mois avant notre déménagement est encore à ce jour une rénovation en cours de A à Z. Financièrement, les choses commençaient à devenir très compliquées. Mon cerveau était obnubilé par deux questions : allons-nous arriver à gagner assez d'argent pour réaliser l'ampleur de ce chantier ? Quand allons-nous pouvoir y habiter ? Sans compter que nous ne pouvions faire appel qu'à un minimum d'artisans pour éviter de nous ruiner complètement. Nous avons donc passé tous nos week-ends et nos vacances dans les travaux, et trois ans plus tard, le chantier n'est encore pas terminé. Cet appel intérieur qui me semblait être le bon, ce coup de cœur et cette projection que j'ai faite immédiatement étaient devenus un vrai cauchemar. En tout cas, c'est ce que je ressentais à ce moment-là.

Parallèlement à ces deux événements, je décidai de me faire accompagner pour prendre un peu de hauteur sur la situation et tenter de trouver un peu de répit dans ce tourbillon infernal. Ma coach, Claudia, me dira deux phrases qui allaient tout changer en moi : « Fanny, tu n'es pas la météo, tu es le ciel. Ta sécurité ne réside nulle part ailleurs qu'à l'intérieur de toi ». Il est vrai que je cherchais à résoudre le problème de la maison par quelque chose qui était à l'extérieur de moi. Une solution miracle, une décision de justice, travailler encore plus dur pour gagner plus… Je laissais mes émotions envahir tout mon espace et changer profondément ma façon d'être et de vivre. J'avais tort. La toute première chose à faire quand un problème se présente à nous, c'est d'observer quelles sont nos pensées et émotions vis-à-vis de cette circonstance. Comme l'ont très bien démontré les travaux du Docteur Joe Dispenza, nos pensées influencent directement les résultats que nous obtenons dans notre vie. Et en voici la preuve :

Nous ne savions pas comment nous en sortir financièrement par rapport à l'achat de cette maison. Avec un crédit immobilier sur le dos, toutes mes pensées étaient obsédées par les dépenses supplémentaires que nous allions devoir financer pour la rénovation totale de cette maison, par le fait que j'étais à mon compte et donc sans sécurité financière très précise. Ma petite voix dans ma tête me répétait constamment « je ne vais pas y arriver », « je vais devoir reprendre un CDI », « je vais devoir revendre cette maison à perte » …

Comme chacune de nos pensées engendre des émotions, nous avons ce pouvoir de créer instantanément notre état d'être. Pour moi ce fut de l'anxiété, du stress, de la panique, de la colère, un sentiment profond d'injustice … Sans parler de l'angoisse vis-à-vis du cancer de mon père, qui a été ma plus grosse peur cette année-là. Mais bizarrement, ce combat, je l'ai géré d'une tout autre manière. Je me disais que je n'avais pas le choix. Il fallait que je trouve une solution pour aider mon père à gagner cette bataille contre la vie.

Suite à cet état d'être provoqué par nos pensées et nos émotions, nous réalisons naturellement des actions pour tendre vers le résultat que l'on souhaite obtenir dans notre vie. Celles que je réalisais prenaient corps dans un espace de pensées et d'émotions très négatives qui n'allaient absolument pas servir la réalisation de mon objectif. Je travaillais deux fois plus alors que je n'étais pas vraiment concentrée, je me focalisais sur des actions inutiles, je n'innovais pas et je stagnais, j'étais sur plusieurs projets à la fois et, dans les moments de panique et d'angoisse, je réalisais 1001 actions en pensant que j'allais résoudre tous mes problèmes en faisant cela…

Vous vous en doutez, les résultats obtenus étaient loin d'être satisfaisants puisque cette année-là mon chiffre d'affaires était au plus bas. Je gagnais juste de quoi payer mon crédit et subvenir à mes besoins primaires. Heureusement, j'ai eu la chance de pouvoir compter sur mes parents et mon compagnon, qui m'ont soutenue durant cette période difficile pour moi.

À travers mon exemple, j'aimerais donc vous demander, à vous chers lecteurs, de définir la problématique qui vous obsède et de vous demander quelles sont vos pensées, émotions que vous ressentez, et quelles actions entreprenez-vous pour tendre au résultat que vous espérez par-dessus tout ? Je suis certaine que vous n'avez pas la bonne formule. La formule gagnante est pourtant toute simple. En changeant vos pensées, vous changerez vos émotions et donc votre état d'être, vous réaliserez des actions bien plus pertinentes et efficaces et la vie se chargera du reste pour atteindre votre objectif.

Croyez-moi, j'ai expérimenté cette méthode durant des mois, et bingo, l'année d'après j'avais littéralement doublé mon chiffre d'affaires. Je me sentais plus allégée, je contrôlais mes pensées et imaginais mon futur comme si j'y étais déjà. Je ne vous cache pas que tous mes tourments n'ont pas encore totalement disparu de ma planète mentale, mais soyons honnête, je ne serai jamais un bouddha. Il me reste encore un long chemin à parcourir pour me sentir totalement sereine en pensant à cette maison, mais c'est avec beaucoup de gratitude que j'ai décidé de suivre cette route.

En travaillant sur mes pensées, en reprenant soin de mon monde intérieur, les choses se sont présentées au moment où j'en avais le plus besoin. Au lieu de focaliser mon attention sur le problème, j'ai changé mes pensées pour mettre toute mon attention sur l'objectif vers lequel je voulais tendre : réussir à financer les travaux de notre maison et aider du mieux que je pouvais mon père dans son combat.

L'Univers, la vie, l'espace, Dieu ou peu importe la façon dont vous nommerez cette énergie avec laquelle nous dansons tous chaque minute de notre existence, tout ceci n'est en réalité qu'un jeu que vous mènerez entre vous et vous-même. La connaissance de soi est le plus beau cadeau que vous pourrez vous offrir.

En parlant de développement personnel, j'aimerais remercier toutes les personnes, thérapeutes, praticien.nes que la vie a placées sur ma route et qui m'auront aidée à tendre vers ce cheminement personnel. Encore aujourd'hui, je ne cesse de continuer à travailler sur moi, sur mes pensées, mes émotions, mes croyances limitantes, mes « traumas » pour faire de cette vie, la plus belle qui puisse être. Nous ne cesserons jamais de nous améliorer, d'apprendre et de grandir. Notre cerveau et notre âme sont faits pour vivre des expériences et évoluer infiniment.

C'est après cette année noire que verra le jour un nouvel accompagnement dans mon activité, mêlant toutes mes passions en un seul métier : « le programme du coaching business ». En effet, passionnée par la communication, le marketing, le développement personnel et les médecines alternatives, je me suis demandé : comment pourrais-je intégrer toutes mes passions dans une seule offre pour contribuer à rendre ce monde un peu plus beau ? Les papillons dans le ventre refaisaient alors surface dans ma vie. Peut-être cette mission évoluera-t-elle un jour ? C'est fort probable. Mais en attendant de le savoir, j'ai à cœur d'accompagner les entrepreneuses que la vie mettra sur mon chemin pour leur apprendre à vivre de leur passion et à briller avec leur métier de cœur. Travailler sur leur mental et état d'être, sans oublier leur stratégie de visibilité pour prospérer dans leur mission à travers une communication alignée et magnétique.

La leçon à retenir de mon histoire est la suivante. Peu importe votre objectif, si vous réussissez à élever vos pensées et à écouter vos émotions et intuitions, vous arriverez à bâtir quelque chose d'encore plus extraordinaire que ce que vous auriez pu imaginer.

Alors vous, chers lecteurs, quel est ce métier, cette passion, ce projet, cet état d'être qui fait vibrer toute votre âme ? Quelle vie avez-vous envie de vivre ? Souhaitez-vous subir vos propres pensées ou devenir acteur de votre vie ? Un nouveau chapitre s'ouvre désormais à vous, alors dansez avec la vie et ouvrez le champ des possibles pour rendre votre voyage encore plus passionnel.

Et si vous Osiez Imaginer Briller ?

Achim Nowak

DÉPARTS

Achim Nowak est l'auteur de quatre ouvrages sur l'excellence personnelle, coach exécutif, conférencier TEDx et animateur du podcast *MY FOURTH ACT*.

Les écrits d'Achim ont été distingués par un *PEN Syndicated Fiction Award*. En 2024, il a été nommé MacDowell Fellow et Ucross Fellow. Son travail a été mis en lumière dans *The New York Times*, *The Wall Street Journal*, *The Miami Herald*, *USA Today*, et bien d'autres publications.

Citoyen du monde, Achim est né en Allemagne. Il a vécu au Portugal, en Turquie, aux États-Unis, à Trinité-et-Tobago, et réside actuellement à nouveau au Portugal.

myfourthact.com
achimnowak.com

Achim Nowak

DÉPARTS

Il existe une voix qui ne se sert pas de mots. Écoute.

– Rumi

Je suis assis au comptoir du bar aux lumières tamisées de l'Hôtel Warwick au coin de la 6e avenue et de la 54e rue, dans le centre de Manhattan. Mai 1999, un mardi en fin d'après-midi.

Je suis penché vers Carol, avec qui je converse. Carol est une femme séduisante dans la cinquantaine, impeccable dans un tailleur pantalon gris ajusté, des manières raffinées tout en étant décontractées et un sourire naturel.

Carol est VP[5] des ressources humaines pour une société de premier ordre de Wall Street. Je l'ai rencontrée un peu plus tôt dans la journée. Elle participe à une formation donnée par mon mentor, Herminio. Je suis assis au fond de la salle, j'observe Herminio qui

---

[5] Vice-présidente

fait son travail, je prends des notes, j'apprends le programme. C'est ma première semaine dans ce travail.

Carol et moi parlons de choses et d'autres. Conversation légère de bar. Sans conséquence. Jusqu'à ce que Carol déclare : « *J'ai quitté Paris il y a sept ans pour m'installer à Manhattan. Je sens venir un changement. Je crois à un changement radical de vie tous les sept ans.* »

Nous continuons à bavarder. Une chose, une autre. Mais je repense ce soir-là au chiffre 7. Je m'interroge sur ce nouveau travail, me demande si c'est ce que devrais faire de ma vie. Le propos de Carol est délicieusement libérateur. Je crois qu'elle vient de changer ma vie.

C'est là que je suis, c'est ce que je fais, maintenant, aujourd'hui. Pas pour toujours. Juste maintenant.

*****

Au coin de Commerce dans West Village, à Manhattan, je tourne vers l'ouest sur Barrow, en direction de l'Hudson. C'est un pâté de maisons «brownstones[6] » impeccablement entretenus, des petits immeubles résidentiels de taille moyenne, tous pimpants, un Manhattan de cinéma. C'est mon quartier. Un silence exquis enveloppe ces rues en ce milieu de matinée de semaine de

---

[6] L'expression est laissée dans sa langue d'origine par authenticité ; à New York et à Boston, « brownstone » désigne une maison construite en grès rouge.

l'automne 2003. Je ne croise aucun de ces fêtards qui déambulent dans le quartier le weekend. Juste la tranquillité et le calme, qui laissent chanter la beauté de ces bâtiments.

« J'aime cet endroit », me dis-je à cet instant. Des fois, l'intuition est littérale. C'est le cas ce jour-là.

« Qu'est-ce que tu aimes de la vie ici ? », demande une voix dans ma tête. Quand c'est clair, c'est clair. « J'aime le calme et j'aime être près de l'eau. » Ce matin, l'eau, c'est l'Hudson, deux pâtés de maison plus loin.

Et puis, la conclusion. « Si c'est la tranquillité et l'eau que tu veux, tu n'as plus besoin d'être à Manhattan. »

*****

Miami, 1995. Un autre tournant. Je viens d'animer le premier après-midi d'un programme de trois jours sur la maîtrise du sida au Mercy Hospital à Coconut Grove. Hugo, qui m'accueille dans son appartement de North Beach, est venu me chercher à l'aéroport international de Miami plus tôt dans la journée. Maintenant assis à côté de lui dans sa coccinelle Volkswagen cabossée, je regarde défiler les tours de Brickell et le centre-ville délabré de Miami.

Quand nous quittons le boulevard Biscayne pour prendre la chaussée MacArthur, le panorama du grand Miami se déploie tout entier devant nous. Les eaux scintillantes de la baie de Biscayne qui réfractent le soleil. Les tout petits ponts blancs qui conduisent à des îles verdoyantes sur la baie. Au loin, les tours de South Beach dorées par le soleil. Et le ciel au-dessus, d'un bleu pâle si tendre.

Mon cœur éclate. S'ouvre. Aucun effort, aucune décision ne sont nécessaires. Une sensation immédiate de joie m'envahit. Une joie profonde, vaste, extravagante. Je sens, sans pouvoir mettre de mots dessus à cet instant, que la joie que je ressens est une joie qui transcende cet endroit. C'est la joie de tous mes paysages aquatiques, à Tobago, au Portugal de mon enfance, des paysages aquatiques de vies passées, qui se déverse toute entière dans ce moment sublime.

Je ne me dis pas « Hé, je veux vivre ici. » Ce n'est pas le moment, pas encore. Ou peut-être que si et que, tout simplement, je ne m'écoute pas.

*****

Nous savons ce que nous voulons, affirme Tom Asacker dans « Unwinding Want [7]». C'est rarement ce que notre esprit pensant nous dit que nous voulons.

Vous savez que bouger votre corps et être à l'extérieur est meilleur qu'être stationnaire et rester à l'intérieur.

---

[7] Tom Asacker, *Unwinding Want: Using Your Mind to Escape Your Thoughts* (2024; auto-publication)

Vous savez que faire des choses avec des gens est mieux que les faire en solo et que jouer pour jouer est plus amusant que jouer pour gagner.

Et vous savez, et je sais aussi, que tout donner ou ne rien donner vaut mieux que faire les choses à moitié ou sans conviction.

Nous savons tout cela, mais nous ne savons pas pourquoi.

Au plus profond de nous, nous savons aussi ce que nous voulons.

Mais notre esprit pensant a bloqué le flux naturel de notre intelligence.

Parce que nous avons les nerfs en pelote.

Nous savons trop de choses.

*****

Neuf ans après ma première traversée de la baie sur McArthur, je suis de retour en Floride. Février 2004. Je passe une semaine avec Jose, un collègue de Miami. Jose habite au deuxième étage d'un de ces complexes d'appartements modernes typiques de Miami, avec une cour au centre dans la banlieue chic de Coral Gables.

Tous les matins, je me lève tôt, alors que Jose dort encore profondément, et je sors de l'appartement. Direction le coin de Ponce de Leon, puis virage à droite et longue marche jusqu'au Starbucks sur Miracle Mile.

Le boulevard Ponce de Leon est vide à 7 heures du matin. Autour de moi, le vent humide du matin, la majesté des palmiers, l'éclat de la lumière matinale. Ce vide dans lequel je peux respirer.

Je pourrais vivre ici. Les pensées viennent. *Le moment est peut-être venu de vivre ici. Pourquoi ne pas vivre ici ? Ça pourrait être agréable de vivre ici. Oui, je pourrais.*

Et ça devient tout simplement une certitude. Je le sais, avec tous mes sens.

Je ne me raconte pas des bobards. Parce que, quand on sait, on sait.

Je vais à Miami une fois par mois. Descends chez Jose. Prends un agent immobilier à South Beach. Vais voir des appartements. Mid-beach. Normandy Village. Pas sûr. Passe un weekend à Fort Lauderdale, Non, pas mon truc. « Tu adorerais Hollywood », me disent ceux qui me connaissent. Encore et encore. Je remonte la promenade Hollywood Beach. Un peu rustique. Oh oui. Rentre dans une agence immobilière. Gina et moi regardons les appartements sur la plage. Rien que j'aime. Je dépose un acompte pour un loft, pas encore construit, dans le centre d'Hollywood. Vais devoir louer en attendant. Descends Harrison Street dans le centre-ville. Passe devant un panneau « All About Eve Media Services ». Hhhmmmm. On dirait une boîte de lesbiennes. Je rentre. Oui, c'est une boîte de lesbiennes. Je dis à Rose, l'une des deux Eve, que j'ai besoin d'un appartement. *Attendez, je vais demander à mon propriétaire*, dit Rose. *Il y a peut-être quelque chose là où j'habite.*

Oui, il y a quelque chose.

C'est comme ça qu'on fait. Une fois que nous savons, il est facile d'agir. La voie est claire. Toujours.

Six mois après ma première semaine avec Jose à Coral Gables, j'emménage dans mon appartement à Hollywood, au-dessus de chez Rose.

QUAND NOUS SOMMES APPELÉS LOIN

Des fois, la vie est un cliché. Dans mon cas, le cliché m'a emmené très très loin de tout ce que je connaissais.

La dernière semaine de 1988, j'ai appris que j'étais séropositif. Mes taux de lymphocytes CD4, le principal indicateur de notre système immunitaire selon beaucoup de médecins à l'époque, étaient bas et ne cessaient de dégringoler. Le Dr Howard Grossman, mon médecin et éminent spécialiste du sida à Manhattan, m'a fait asseoir dans son bureau en sous-sol sur la 29e rue Est. *Attendez-vous à être à l'hôpital d'ici deux ans,* m'annonça-t-il, la voix sombre, avec son air sérieux de docteur. *Ce sera le début de la fin.*

S'il vous restait juste deux années à vivre, comment les vivriez-vous ?

La question EST un cliché. Eh bien, je les ai vécues. Suis allé dans un centre de guérison controversé dans le désert de l'Arizona. Six semaines de soins, fin 1989. Au Golden Phoenix, ils m'ont promis que, en combinant une purification intense du corps et un travail mental, ils rendaient des séropositifs comme moi séronégatifs.

Vers la fin de mes six semaines, la Révérente Mona, leader spirituelle du Golden Phoenix, m'a fait suivre son protocole de quête de vision. Les yeux bandés, confiné dans ma chambre à un petit lit et laissant libre cours aux pensées et visions défilant dans ma tête.

J'ai gardé les yeux bandés deux jours et demi. Sur ce petit lit, dans la nuit noire de mon âme, les visions sont venues. Furieusement, impitoyablement. L'une d'elles, en particulier, revenait en boucle. Une maison blanche perchée sur une falaise, haut au-dessus de l'océan. Maison blanche. Falaise. Océan, Clair. Encore et encore.

Quand le bandeau est tombé de mes yeux, je savais une chose : la maison blanche n'était pas une métaphore. C'était réellement une maison. L'océan était l'Atlantique. La maison était quelque part aux Caraïbes. Et je devais la trouver.

Six mois plus tard, j'avais emménagé dans une petite maison blanche, perchée sur des rochers, sur l'île isolée de Tobago.

Assez dingue, quand j'y repense maintenant.

Avant de trouver cette maison, j'aurais été incapable de vous montrer Tobago sur une carte. La vie dans les îles peut coûter cher et on ne pouvait pas dire que j'étais riche ; j'avais du mal à joindre les deux bouts.

Lorsque la vision est claire, le chemin apparaît.

J'ai vécu dans ma petite maison blanche pendant de longues périodes en 1990 et 1991. Suis devenu un véliplanchiste accompli, entre autres choses. Et quand j'ai eu fini, j'ai su que j'avais fini.

Oui, je suis parti bien loin. Vous aussi, vous avez votre maison blanche. Chacun de nous en a une. Nous nous donnons beaucoup de mal pour ne pas la voir. La beauté de l'intervention de Révérente Mona est qu'elle m'a forcé à voir.

N'attendez pas. Voyez.

*****

Quand je suis revenu à Manhattan, deux ans après la première vision de ma maison blanche à Tobago, les cadeaux se sont multipliés.

Je n'étais pas mort, pas encore. Les résultats de mes analyses de sang, tous, étaient meilleurs que deux ans avant mon départ dans les îles.

Je pouvais bien sûr retrouver du travail.

Je pouvais bien sûr avoir à nouveau une assurance santé.

Je pouvais bien sûr prendre à nouveau soin de moi.

Tobago m'a montré que je pouvais partir. Aller très loin, tout laisser derrière moi, tout ce que je pensais ne pas pouvoir laisser. Revenir et reprendre le cours des choses à nouveau.

Je peux. Je peux. Je peux.

METTEZ DONC À LA POUBELLE VOTRE LISTE DES CHOSES À FAIRE AVANT DE MOURIR

Juillet 2024. Mon compagnon David et moi prenons possession d'un appartement dans le quartier Fonte Nova de Setubal, port de pêche commerciale à 40 minutes au sud de Lisbonne.

Ça va vite.

Nous envisagions un retour en Europe depuis plusieurs années. Amsterdam, peut-être. Ou Düsseldorf, une ville que nous aimons beaucoup. Au printemps 2023, David et moi séjournons à Lisbonne. Pendant cette visite, nous allons passer une journée à Ericeira, village de pêcheurs qui attire aujourd'hui des surfeurs du monde entier, à 45 minutes au nord-ouest de la ville. Enfant, j'ai vécu quelques années à Lisbonne avec ma famille et nous passions tous nos étés à la Praia do Sul à Ericeira. Je connais cette ville.

Quelques instants après que notre chauffeur nous ait déposés sur la place principale d'Ericeira, David et moi disparaissons dans la vieille ville. Nous nous promenons dans les rues pavées, passons devant des maisons pleines de charme océanique, blanchies à la chaux avec des auvents bleu de Mykonos.

Je pourrais vivre ici, dit presque instantanément David. Les mots sortent de sa bouche, spontanément, sans préméditation. Il ne les contrôle pas. *Je pourrais vivre ici. Je pourrais vivre ici.* Les mots continuent de tomber de ses lèvres. Comme si David ne contrôlait plus rien.

Quand vous savez, vous savez.

Je découvre à cet instant que David est prêt à vivre dans une petite ville. Moi aussi. Pourquoi attendre ?

Ça va vite. Février 2024. Je vais à Setubal, Ericeira en plus grand. Là, je sais. Oui, Setubal. J'obtiens un numéro d'imposition portugais. Me trouve une banque portugaise. Prends un agent immobilier à Setubal. Commence à regarder des quartiers, des appartements. Rencontre un comptable à Setubal. Rencontre un avocat spécialisé en immigration à Lisbonne. Retourne en Floride. Prends un agent immobilier pour vendre un de mes appartements en Floride. Reviens à Ericeira et Setubal avec David, fin mars. Vais voir des quartiers et des appartements à Setubal avec David et notre agent immobilier.

Nous logeons à Fonte Nova. Je regarde David tomber amoureux de Fonte Nova. J'aime le quartier Santos Nicolau. Fonte Nova, aussi. Je reviens en mai, visite trois appartements à louer à Fonte Nova, deux meublés, un non meublé. Dès que j'entre dans l'appartement non meublé, je sais que c'est celui-là. La lumière, la lumière. C'est au-delà de tous mes espoirs. Nous embauchons une décoratrice, regardons ses propositions. Commençons à commander du mobilier. Je prends possession de l'appartement début juillet. David arrive deux semaines plus tard. Le 9 août, je deviens officiellement résident du Portugal à la mairie de Setubal.

C'est comme ça qu'on fait. Oui, il y a beaucoup de tactiques. Un geste à la fois, pas terriblement difficile. Et, dans l'ensemble, très amusant.

C'est la beauté de savoir. Vous allez vite. Vous faites le nécessaire.

Nous ne passons pas des années à faire des repérages, à vérifier toutes les destinations potentielles au Portugal. Ne faisons pas de liste des pour et des contre. Refusons de comparer les prix. Nous avons trouvé notre ville et nous le savons.

Carol de Wall Street m'a libéré. Nous sommes à Setubal. Pour le moment. C'est un appartement que nous adorons. Pour le moment. Nous planifions l'achat d'un appartement dans notre ville. Nous le revendrons certainement. Déménagerons peut-être ailleurs, un jour. Au Portugal, ou pas au Portugal. Ou nous resterons ici.

Qui sait.

ILS SE DÉBROUILLERONT SANS VOUS. VRAIMENT.

À l'annonce de notre déménagement dans un autre pays, sur un autre continent, les amis nous adressent des vœux sincères. La plupart se sentent obligés de nous dire ce qu'ils adorent du Portugal, un pays qui semble dans l'esprit du temps. Et ils élaborent sur leurs propres envies.

J'ai toujours voulu aller au Portugal, écrit une de nos connaissances. *Je suis pressé d'y aller. J'adore tout ce que je connais du Portugal. Je me vois bien y prendre ma retraite. Ça fait longtemps que le Portugal est sur la liste des pays que je veux voir avant de mourir.*

Cet homme habite à New York. Il a un bon emploi, il est à l'aise financièrement. Il pourrait prendre l'avion pour le Portugal n'importe quand.

Il ne veut pas y aller, dit Tom Asacker. *S'il voulait y aller, il y irait. Il aime le fantasme. La majorité des gens préfèrent leur vie imaginaire. Ils ne partent jamais.*

Liste des choses à faire avant de mourir. Cette expression m'énerve. Je ne l'emploie jamais. Quand j'entends parler de votre liste des choses à faire avant de mourir, j'entends toutes les choses que vous désirez, ou plus exactement, les choses que vous dites vouloir sans être prêt à faire quoi que ce soit pour les obtenir, à ce moment précis. Votre liste des choses à faire avant de mourir est l'histoire de votre vie remise à plus tard. Plus votre liste est longue, plus vous fantasmez.

Qu'attendez-vous ?

****

J'aimerais déménager au Portugal, me dit mon amie Inez quand elle apprend que nous partons.

Inez, comme moi, est européenne. Inez, comme je l'ai fait, réside aux États-Unis mais n'est pas citoyenne américaine. Inez, comme moi, est européenne dans l'âme.

Inez vit à Los Angeles depuis près de 20 ans. Autrefois à Hollywood Hills, maintenant dans un petit appartement dans la vallée. Son fils Rudy, sa famille et Martin et Emil, les petits-enfants, n'habitent pas loin de chez elle, dans la vallée eux aussi.

Si je n'avais pas mes petits-enfants ici, me dit Inez avec un soupir mélancolique, *je partirais.*

*****

Claire est une amie chère de Miami. Son mari Peter est mort il y a huit ans de la maladie de Parkinson, après un long et lent déclin. Belle et pleine de vie, Claire a dans les soixante-quinze ans. Elle a retrouvé l'amour auprès de Mitchell, un comptable sud-africain à la retraite arrivé à Miami il y a six ans. Mitchell et Claire ont sillonné le monde ensemble ces quatre dernières années.

Mitchell déménage au Portugal. Pas Claire.

J'ai besoin d'être près de ma fille et de mes petits-enfants, dit Claire.

*****

Liz a été une de mes premières amies à Miami, il y a vingt ans. Elle se définissait comme entrepreneure sociale bien avant que ça la notion d'entrepreneuriat social se répande. Habiter à Miami permettait d'un simple saut en avion à Liz d'aller voir l'ONG des Caraïbes avec qui elle travaillait en partenariat. Douée pour le design, Liz a aménagé une belle maison des années 50 à Surfside.

Avec un bassin de nage somptueux dont je me suis inspiré pour ma maison à Hollywood.

À l'arrivée du premier petit-enfant, Liz a vendu sa maison et déménagé à New Rochelle, dans la banlieue de New York, au Connecticut. Acheté un appartement spacieux à dix minutes de chez sa fille Ella et de Ruby, sa petite-fille.

Je n'ai pas de regrets, me dit Liz deux ans et demi plus tard en me racontant la vente de son appartement à New Rochelle et son déménagement à Los Angeles. *Mais j'ai appris que je ne peux pas vivre ma vie pour ma famille. Je peux aller les voir n'importe quand. Mais je n'ai pas à leur consacrer totalement ma vie. C'est à Los Angeles que je suis la plus heureuse. Ça a toujours été comme ça. Maintenant, je le sais.*

Ils m'aiment, ajoute Liz. *Ils m'aiment beaucoup. Je les voyais peut-être deux fois par mois. Ils n'ont tout simplement pas besoin de me voir tous les weekends.*

LE REGRET, C'EST UNE VACHERIE

Appelons-le R. R est connu dans le monde des évangélistes du « vivre pleinement ». Il a vendu plus de 20 millions de livres dans le monde, est très sollicité comme conférencier et a plus d'un million d'abonnés sur Instagram. R vient d'avoir soixante ans.

Récemment, R a vigoureusement attaqué la notion de retraite dans un message sur les réseaux sociaux. *Je veux encore être sur scène et inspirer des gens dans le monde entier quand j'aurai qua-tre-vingt-dix ans,* affirme R.

Autrement dit, je veux vivre à *quatre-vingt-dix* ans exactement comme à soixante ans.

Dans les commentaires, ce ne sont qu'applaudissements pour la façon de penser de R. Il exprime notre désir profond, conditionné par notre culture, de pouvoir faire ce que nous aimons aussi long-temps que nous le pouvons.

Pour toujours, en vérité.

J'éprouve une certaine tristesse en pensant au propos de R. Oublions un instant le mot retraite. Où est la curiosité pour la vie que nous n'avons pas encore vécue ? L'émerveillement ? Et les façons dont la vie pourrait être différente dans trente ans plutôt qu'exactement la même que maintenant ? Et tout ce qui ne demande qu'à être découvert et exploré ?

Vous voyez, Carol est mon évangéliste. Je suis devenu adepte des sept ans, plus ou moins quelques années.

Puisque la vie est notre cadeau le plus précieux, écrit Maya Angelou dans « Lettre à ma fille[8] », *et qu'il ne nous est donné de vivre qu'une fois, vivons de manière à ne pas avoir de regrets.*

---

[8] Le livre a été traduit en français : Maya Angelou, *Lettre à ma fille* (Arles : Actes Sud, 2009)

Nous ne regretterons jamais notre curiosité ou notre émerveillement. De cela, je suis certain. Faites-en vos amis. Voyez où ils veulent vous emmener. Et une fois que vous le savez, ayez le courage de savoir ce que vous savez.

7 est un beau chiffre.

Annie Gorce

HEUREUX HASARDS

Si Annie Gorce a contribué à cet ouvrage c'est pour susciter, chez ceux qui vont lire ces témoignages, rêves et audace de vivre.

Son slogan : Ce qui est au plus profond de nous ne s'efface jamais, trouve son chemin, pourvu que notre oreille soit attentive.

Née en 1954 dans un petit village du sud-ouest de la France en Aveyron, enfant, juchée derrière le comptoir du bar de ses parents, elle écoutait les clients donner leur avis et rêvait d'être « guérisseuse ». Après une scolarité sans histoire, pour faire plaisir, c'est à Paris qu'a commencé un nouveau chemin.

Mariée avec un homme qui l'a soutenue dans tous ses projets et mère de deux garçons, elle a cultivé toutes les opportunités que la vie lui a offert. De retour en Aveyron, à partir des formations aux travaux de Carl Rogers et de maître praticienne en hypnose Ericksonienne et de son approche spirituelle, elle a bâti ses outils.

Formatrice en communication et développement personnel pendant de nombreuses années, elle propose aujourd'hui des séances d'accompagnement individuel et anime avec une immense joie « L'atelier bonheur » créé il y a dix ans. Le but de cet atelier : partager, regarder la vie autrement. Se libérer des pensées limitantes pour réaliser ce qui est au plus profond de nous qui ne s'efface jamais, et tendre ses oreilles aux synchronicités que la vie offre à chacun.

Son site internet : www.annie-gorce.fr

Annie Gorce

HEUREUX HASARDS

La tendance de chaque être à évoluer vers ce qui est constructif pour lui pousse l'individu à l'accomplissement de ses capacités propres.

« Le manifeste personnaliste » Dunod 1977

BÂTIR SES RÊVES.

Il me plaît de contribuer à cet ouvrage d'abord du fait de mon âge. J'ai soufflé mes soixante-dix bougies ce qui exacerbe ma conscience du temps qui passe. Ensuite, parce que mon histoire me donne envie de témoigner de l'intelligence de la vie, de sa beauté et des opportunités qu'elle nous offre. Charge à nous d'y être attentifs et d'oser les utiliser.

Je suis née dans un petit village en Aveyron, ce qui signifie que nous étions éloignés de bien des choses relatives à la culture. Je m'ennuyais et je rêvais d'un ailleurs mirifique, Paris.

Mes parents étaient artisans, pas riches. Ils m'ont permis de faire des études pour que j'aie une vie meilleure. En langage de chez nous, on dit : pour que je trime moins qu'eux.

Enfant, je fréquentais l'école publique et l'instruction religieuse, ce qui m'a préparée, à mon insu, à une quête de spiritualité. Dans les petites classes, en primaire, j'apprenais des poésies. J'en adorais la musique des mots et le rythme des phrases. Mon rituel du jeudi, qui prenait des heures, se déroulait devant le miroir de la grande armoire de la chambre de mes parents. J'apprenais ces vers en les théâtralisant, consciente que le vendredi je les réciterais dans la salle de classe avec beaucoup moins d'emphase. Je rêvais certainement d'être un jour comédienne. Je m'interrogeais aussi sur leurs auteurs : étaient-ils tous morts ? y en avait-il de vivants ?

En fille sage que j'étais, j'ai poursuivi mes études en adoptant les valeurs de mon père. Il n'avait de considération que pour les études techniques et scientifiques qu'il n'avait pas pu suivre. Je ne pouvais pas le décevoir, alors j'ai mis de côté mon goût pour les lettres et la psychologie. Mais ne vous y trompez pas, tel un petit chat qui ne dort que d'un œil, cette envie s'est tapie en moi.

Après mon bac, j'ai commencé par m'inscrire à l'Université. J'ai ainsi suivi les cours de la faculté Chimie-Biologie-Géologie de Toulouse. J'ai adoré la génétique et la géologie mais cela ne suffisait pas ! J'ai échoué dès la 1ère année (et si c'était volontaire ?) ; en revanche j'étais incollable en cinéma.

Comprenant bien que les études générales universitaires n'étaient pas faites pour moi, mes parents m'ont alors offert des études à finalité professionnelle en m'inscrivant dans une école privée parisienne pour devenir Laborantine en analyses médicales.

Mon premier objectif était atteint, j'allais continuer mon cursus à PARIS.

ATTEINDRE SA PREMIÈRE ÉTOILE

Mes vingt ans avaient sonné et enfin je m'installais dans cette ville de mes rêves. Il n'était évidemment pas acceptable d'échouer deux fois, alors j'ai étudié des choses passionnantes (!) comme « les caractères biochimiques des entérobactéries ».

Ceci-dit, j'étais comblée par ailleurs. Je pouvais visiter expositions, galeries et musées. Les tarifs étudiants me permettaient de fréquenter les théâtres, de suivre des cours de mime et de claquettes, etc.

J'avais deux amis précieux, adultes. Jacky était un homme de culture qui m'invitait au théâtre alors que Gérard, artiste peintre, était un humaniste. Il m'a offert les deux livres qui m'ont ouverte à d'autres regards sur le monde et la vie : Carl Gustave Jung, « L'homme et ses symboles »[9] et le premier tome des « Chemins de la sagesse »[10] d'Arnaud Desjardins.

---

[9] Carl Gustav Jung, *L'homme et ses symboles*, Paris, Robert Laffont, 1964.
[10] Arnaud Desjardins, *Les Chemins de la Sagesse*, vol. 1, Paris, La Table Ronde, 1969.

Enfin diplômée, j'ai obtenu mon premier poste de laborantine à l'hôpital Saint Louis, reconnu pour son célèbre hématologue, le professeur Jean Bernard. Mon chef de service était le professeur Georges Flandrin. Il ne se souvient certainement pas de moi alors que moi, je n'ai jamais oublié son enseignement. Un jour je l'interroge, j'ai oublié ma question mais jamais sa réponse : « je ne sais pas ». Pourtant il s'agissait d'hématologie, sa matière de prédilection, celle pour laquelle il avait obtenu le titre de professeur et il ne savait pas ! Et moi qui, sortant de l'école, croyait devoir tout savoir ! Merci Monsieur Le Professeur ! Par ces mots j'ai gagné en liberté, en authenticité et en confiance en moi.

Merci également de m'avoir confié ce premier job où je contribuais à votre travail de recherche sur des cellules spécifiques, marqueurs de certaines maladies. Certes je travaillais dans une pièce en sous-sol, éclairée par un vasistas mais je m'y sentais bien et stimulée intellectuellement.

En plus du travail il y avait la découverte de Paris. C'est sur le boulevard Saint-Michel, un soir de déambulation avec les copines, que j'ai rencontré mon amoureux. Nous nous sommes mariés puis nous sommes devenus parents de notre premier et adorable garçon.

Avec notre nouvelle vie familiale, nos centres d'intérêt ont évolué et l'appel de mon Aveyron natal, de mon coin de campagne, s'est intensifié jusqu'à nous convaincre que ce serait le paradis. Nous restaurerions la maison de mon arrière-grand-mère, cultiverions des fleurs dans notre jardin.

Mon mari pourrait travailler dans l'entreprise de mes parents et contribuer à son développement.

Et moi, j'exercerai mes talents dans le laboratoire de l'hôpital de la ville.

Ce qui fut dit fut fait et le 1er mars 1982 j'enfilais ma nouvelle blouse blanche. Je découvrais mes nouvelles collègues et les réalités du métier dans un laboratoire d'analyses polyvalent dans un hôpital qui assurait des services de réanimation, de chirurgie, de médecine, de maternité et de gériatrie.

Tout s'annonçait bien et pourtant pour moi l'enfer commençait !

PASSAGE EN ENFER

Tout métier comporte plusieurs facettes et s'exerce dans une ambiance créée par les relations entre collègues.

Fini le microscope électronique ! Je découvrais un métier que je n'avais jamais pratiqué. Face à des machines très performantes qui requéraient des compétences d'électronicienne que je n'avais pas, j'éprouvais de l'admiration pour les ingénieurs qui les avaient conçues. Devant ces robots que je devais apprendre à utiliser, mes compétences en biologie ne me servaient qu'à valider ou non les résultats délivrés.

Je m'ennuyais terriblement, à un point tel que je lorsque je réalisais des dosages du fer sérique, je tentais d'y apporter un peu de fun en fredonnant dans ma tête la chanson de Bourvil. Celle dans laquelle, complètement ivre, il entonne « L'eau ferrugineuse oui ! l'alcool non ! »[11].

Quant aux échanges avec mes nouvelles collègues je les qualifierais de catastrophiques. Il aurait pu en être autrement puisque je retrouvais des femmes que j'avais connues au collège et d'autres qui venaient au centre aéré dans lequel j'étais « mono ». Avec ces dernières, nous évoquions notre chanson préférée de cette époque « un soir dans sa cabane, un tout petit négro qui jouait de la guitare … Zoum bada zoum … »

Il est important pour moi aujourd'hui de décerner la palme d'or à la plus étonnante, à celle qui ne souriait jamais et qui me témoignait une inimité spontanée. Un jour où j'évoquais une manière de travailler dans mon poste précédent, sur un ton que je ne peux décrire, elle m'adressa un cinglant : « ici, on a d'autres habitudes, tu les prendras ! »

A ce moment-là, je ne connaissais rien du fonctionnement des groupes. J'ai vécu, sans comprendre, ce que l'angoisse du changement et la peur de perdre du pouvoir peuvent provoquer chez les humains. Elles travaillaient ensemble depuis un certain temps et les rôles qu'elles s'étaient attribués pouvaient être bousculés par l'arrivée d'une nouvelle personne.

Heureusement il y avait, Annie, bienveillante, et Sylvie avec qui je partage encore aujourd'hui une belle amitié.

---

[11] L'auteur fait ici référence à la chanson humoristique de Bourvil «La Causerie Anti-Alcoolique (L'Eau Ferrugineuse)» de 1951.

CHANGER DEVENAIT UNE QUESTION DE SURVIE !

Mon mari a fini par quitter l'entreprise familiale pour faire une belle carrière dans une banque. Quant à moi je m'étiolais chaque jour davantage. Heureusement le petit chat qui ne dormait en moi que d'un œil a décidé de se réveiller.

Jeune adulte, je n'avais pas su ou osé donner leur juste place à mes aspirations et mes besoins. Désormais, ils s'imposaient. D'évidence je n'étais pas à ma place. Pour survivre, j'ai commencé à participer à des stages de morphopsychologie et d'écoute active. Mon mari me soutenait dans ma démarche, c'était précieux. Malgré les cent kilomètres que je devais parcourir pour me rendre sur les lieux de stage, ce bol d'oxygène m'était immensément bénéfique.

C'est à l'occasion de ces stages que j'ai découvert les travaux de Carl Rogers.

ROULEMENT DE TAMBOUR, UN JOUR LES PLANÈTES SE SONT VRAIMENT ALIGNÉES

Dans un magazine, un encart présentait une « Formation à la psychothérapie centrée sur le client et aux applications de l'approche centrée sur la personne ». Agréée par l'association américaine de psychologie et conçue et réalisée par l'Institut de Lugano en Suisse, seul institut fondée par Carl Rogers et ses collaborateurs en Europe (ACP France), cette formation s'étalait sur trois ans, soit 1000 heures au total, réparties en modules courts de trois jours et longs de dix jours.

Quant au financement, j'avais la réponse. Une copine très avisée m'a informée de la mise en place, dans les hôpitaux, de congés de formation. Ceux-ci avaient la particularité de n'être octroyés qu'aux personnes qui visaient une réorientation professionnelle, ce qui était mon cas.

La psychologie n'ayant rien à voir avec les analyses médicales, ma demande a été retenue. La première session était organisée par l'Institut de Lugano, puis il revenait aux participants d'organiser eux-mêmes les modules longs. Certains facilitateurs, c'est ainsi qu'on nomme ceux qu'ailleurs on qualifie de formateurs, venaient des États-Unis, d'autres de France et de différents pays d'Europe. Ceux qui avaient été de proches collaborateurs de Carl Rogers bénéficiaient d'une aura particulière à mes yeux. Cette diversité donnait une originalité à nos rencontres. Selon Rogers, « l'expérience est l'autorité suprême » nous en avons vécues de nombreuses.

Ce fonctionnement m'a conduite en Hongrie, en Alsace, en Bretagne et en Savoie. Loin de cet univers que je détestais. Voilà une preuve, Carl Young a raison, que les lois de synchronicité existent. Et la vie place sur mon chemin, au bon moment, les bonnes opportunités et les bonnes personnes. Merci !

MA VIE D'AVANT, MA VIE D'APRÈS

Je peux dessiner mon parcours professionnel et personnel en deux étapes dont cette formation matérialise le basculement.

Rogers n'est pas seulement psychologue, il est aussi philosophe et humaniste. La confiance en la nature profonde des individus est au cœur de son travail. Sans l'expliciter, je portais cette conviction. Me découvrir dans les travaux d'un autre se traduisait par deux sentiments, l'étonnement et la liberté d'être vraiment moi-même.

> *« Enfin je vivais :*
> *Par-delà les façades,*
> *Par-delà les «je devrais »*
> *Par-delà ce qu'on attend de vous*
> *Par- delà le devoir de faire plaisir aux autres*
> *Vers l'auto-direction*
> *Vers la mobilité le processus*
> *Vers la complexité*
> *Vers une ouverture a l'expérience*
> *Vers une acceptation d'autrui*
> *Vers la confiance en soi »* [12]

MES RÉALISATIONS

Mon mari et moi étions lassés de la vie à la campagne, alors nous avons déménagé à Rodez, ville qui offrait beaucoup plus d'opportunités professionnelles et culturelles.

---

[12] « Le développement de la personne », Dunod 1966 (2ème édition 2018)

Une amie venait d'obtenir son certificat de conseillère en santé holistique et avec elle, j'ai créé une association que nous avons nommée **Communication, Aide, Formation, Écoute Humaniste (CAFEH)**. Cette structure juridique, qui est encore la mienne aujourd'hui, nous permettait de faire des propositions de formation ou d'accompagnement.

Pour des raisons financières j'ai scindé mon temps de travail en deux, avec un temps partiel consacré à mon premier métier et l'autre à ma nouvelle activité. Grâce à des formations, des évolutions et des opportunités, ma mission au laboratoire a changé, jusqu'à me devenir agréable. Je n'ai poussé personne dans l'escalier ! C'est le temps qui a chassé certaines de mes collègues pour en inviter de nouvelles, plus charmantes.

Cependant, mon épanouissement et ma créativité ne pouvaient se révéler qu'ailleurs. J'ai donc mis fin à mon travail en laboratoire. Le dernier jour, j'ai offert un pot « de départ ». Au-delà de son caractère traditionnel, ce pot témoigne aussi de la sympathie qui s'était finalement établie.

J'ai ouvert mon cabinet pour mettre en œuvre cette approche Rogerienne. J'accompagnais des clients dans leur démarche de développement personnel. Un soir, comme par surprise, mes mains m'ont manifesté leur magnétisme. Après deux modules en Reiki et en sollicitant ceux que je nomme mes guides, et cette intelligence qui nous entoure et nous inspire si on y prête attention, j'ai bâti mon outil énergétique que je mobilise face aux troubles physiques ou pour des rééquilibrages énergétiques.

EXERCER LE MÉTIER DE FORMATRICE

Exercer le métier de formatrice en communication et développement personnel était un autre de mes objectifs. J'ai présenté mon CV au responsable de ce secteur d'activité à la Chambre de Commerce et d'Industrie (CCI). Il n'avait besoin de personne, dommage.

Mais la vie est facétieuse. Peu de temps après, cet homme me rappelle, bien ennuyé face à un groupe de stagiaires et une formatrice absente. « Si vous relevez le défi, je m'en souviendrai » me dit-il. Je l'ai relevé et il a tenu sa promesse. Durant une trentaine d'années, je suis intervenue dans cette CCI soit pour des adultes en entreprise, soit pour des jeunes en formation qualifiante ou diplômante. Je n'ai pas de mots suffisants pour dire le bonheur que j'ai vécu durant cette période. C'était de magnifiques échanges. Créer des modules et des outils pédagogiques, inventer des exercices … mon goût pour la créativité était comblé.

Le fil conducteur qui m'a guidée n'a pas varié, faciliter le développement de la confiance en soi des participants, stimuler leur créativité, leur audace à être authentique et leur donner des outils de communication. Leurs évaluations de mes modules signaient l'atteinte de mes objectifs :

« Formatrice à l'écoute et bienveillante, qui souligne nos qualités. Elle nous incite à modifier le regard que nous portons sur nous et sur les relations interpersonnelles. Passionnée. Dynamique ».

NOUVELLE RENCONTRE, NOUVELLES DÉCOUVERTES, CRÉATION DE NOUVEAUX OUTILS D'ACCOMPAGNEMENT

C'est encore grâce à un ami que j'ai découvert le site de formation nommé Conversation Papillon. Ses fondateurs proposent des conférences en ligne animées par des experts dans le domaine de la spiritualité, de la santé et du bien-être.

Nouveau bouleversement, ma rencontre avec Isabelle David, la fondatrice de ID Com International au Canada. J'ai suivi un cursus de « Lecture d'auras » et un cursus en hypnose Ericksonienne et conversationnelle jusqu'à être certifiée « Maître praticienne ». Merci à la technologie et aux possibilités de visio-conférences. Cependant, notre fils habitant Montréal, j'ai profité d'un séjour chez lui pour suivre un module en présentiel. C'est mieux je l'avoue !

Isabelle David est une femme étonnante qui accompagne autant sur un chemin spirituel que technique en enseignant l'hypnose, la PNL et le coaching. Tout son enseignement est pétri de bienveillance et aide chacun à se révéler.

Ma rencontre avec Isabelle David est à l'origine d'une nouvelle évolution de ma pratique. J'ai intégré des notions d'hypnose conversationnelle dans mes modules de communication et proposé des séances d'hypnose Ericksonienne en accompagnement individuel.

UNE AUTRE FIERTÉ : « L'ATELIER BONHEUR ».

Depuis une dizaine d'année, je propose « L'atelier Bonheur » à la MJC de Rodez. Le protocole est inspiré des groupes de parole décrits par Carl Rogers. L'objectif est d'échanger en groupe, de repousser les pensées et les croyances limitantes pour faire place aux pensées aidantes, de découvrir des concepts tel que les « heureuses coïncidences » de Carl Jung, de développer la confiance en soi, de parler de spiritualité, de philosophie….

Je suis facilitatrice de ces groupes et c'est pour moi une autre manière d'accompagner chacun vers lui-même. La diversité, la richesse et la beauté intérieure de la nature humaine m'émerveillent toujours.

ÊTRE ÉLUE DANS UNE COMMUNE

Encore une malice de la vie ! Un soir, je vais dîner chez un ami dont je connaissais l'engagement politique. Parité oblige, il manquait des femmes pour constituer la liste de candidats que son groupe présenterait aux élections municipales.

J'ai répondu : « oui d'accord, mais en fin de liste ». Ce qui signifiait être élue sans avoir à s'investir dans les actions menées par la municipalité. Le brassage des événements m'a malgré tout conduite à accepter la fonction de première adjointe et de vice-présidente de la communauté d'agglomération en charge du **C**onseil **L**ocal de **S**écurité et de **P**révention de la **D**élinquance (CLSPD)

J'ai ainsi découvert la vie politique et le rôle des élus communaux dans la vie des concitoyens et de la cité. Grand moment d'enseignement pour moi. C'était l'opportunité de rencontres marquantes et de confrontation à des réalités que je ne connaissais pas, comme les violences faites aux femmes … Sept années de découvertes et d'enseignement qui ont marqué ma vie et ma philosophie.

ÉPILOGUE

Ce parcours retracé en quelques lignes et les expériences qui le jalonnent me confortent dans ce qui a été longtemps pour moi une croyance avant de devenir une certitude : Rien n'est impossible !

Si j'étais restée confortablement installée dans mon laboratoire parisien, qu'aurait été ma vie ? Aurais-je seulement eu la possibilité de découvrir ma véritable personnalité ?

Tous les enseignements découverts lors de ces formations seraient restés inconnus et je n'aurais pas croisé toutes ces belles âmes qui m'ont éveillée. Je ne les ai pas toutes citées.

Alors oui, la vie est un océan tempétueux, violent parfois, qui nous ouvre à ces belles coïncidences. Nous accostons ainsi dans de magnifiques ports.

Vous qui lisez tous ces témoignages, j'aimerais avoir contribué à stimuler votre « Audace de vivre ».

Crystal Weber

APPRENDRE À ÊTRE MOI-MÊME

Crystal Weber, écrivain dans l'âme, est en pleine reconversion professionnelle. Elle a récemment quitté son poste de traductrice et interprète du français et de l'espagnol vers l'anglais pour consacrer plus de temps à l'enseignement du yoga, bien qu'elle continue de traduire en freelance. Née en Californie, elle vit actuellement en France. Passionnée de danse depuis toujours, elle s'intéresse particulièrement à la recherche du mouvement intuitif et à la manière dont les émotions s'expriment à travers le corps. Crystal puise son inspiration dans les petites étincelles de ses expériences quotidiennes.

En 2018, Crystal a été diagnostiquée d'un cancer du sein et est en rémission depuis cinq ans. Cette épreuve l'a poussée à entreprendre une quête pour mieux se connaître et se soigner. Le yoga a été un outil essentiel dans ce cheminement. En 2020, elle a suivi une formation d'enseignante de yoga et enseigne des cours depuis quatre ans.

Elle vient également d'achever une formation de deux ans en yogathérapie pour proposer des consultations individuelles et aider les gens à se soigner et à trouver la paix intérieure, quelles que soient leurs difficultés. Elle donne également des cours de yoga-danse et de danse intuitive, et organise des sessions de yoga lors de divers événements locaux.

Pour en savoir plus sur Crystal, visitez : www.crystalnicoleweber.com

Crystal Weber

APPRENDRE À ÊTRE MOI-MÊME

Nous devons cesser d'être ce que nous croyons être et devenir ce que nous sommes vraiment.

– Auteur inconnu

Les arbres. C'est par eux que tout a commencé. Ce sont eux qui ont chanté à mon oreille « Fais-le. Ne te retiens pas. ». J'étais assise par terre, au pied d'un séquoia au milieu du Bois de Boulogne à Paris, les joues ruisselantes de larmes. Mon front était brûlant d'une fièvre qui ne voulait pas tomber et ma vue était brouillée. J'avais passé plusieurs jours couchée, atteinte d'une maladie mystérieuse. Ce n'était pas le coronavirus, ce n'était pas la grippe. Un virus, disaient les médecins, mais c'était la deuxième fois en deux mois que ce mystérieux virus me clouait au lit pour des semaines. J'étais faible mais il fallait que je sorte. Il fallait que je voie les arbres.

Là, au milieu des bois, avec la clarté de la nature, une porte s'est ouverte et j'ai enfin pu sentir la colère qui faisait bouillir mon sang. Elle me nouait les tripes depuis plusieurs années. « Fais-le, ne te retiens pas. Fais-le, ne te retiens pas » – la voix devenait de plus en plus forte autour de moi. La forme matérielle des arbres commença à se dissiper, ne laissant derrière elle que leur essence arc-en-ciel. Des tours de lumière jaillirent du sol dans toutes les directions possibles. « Fais-le, ne te retiens pas. Fais-le, ne te retiens pas. », m'encourageaient-elles.

Et puis… j'ai craqué, ou plutôt, j'ai lâché prise. « AHHHHHHHHHHHHHHHHHHHHHHH! » – un cri inattendu a jailli du plus profond de moi et a résonné à travers le Bois de Boulogne. L'énergie accumulée sous l'effet d'années de frustration et d'injustice était libérée dans l'univers. Mon premier réflexe, une fois le silence revenu, fût de regarder autour de moi pour voir si quelqu'un m'avait entendue ou vue. Il n'y avait personne. Juste les arbres qui avaient repris leur forme d'arbres et qui tous riaient et m'applaudissaient. Un sourire irrépressible se dessina sur mon visage.

C'est à cet instant que j'ai décidé que ça suffisait. Le lendemain, je donnais ma démission.

RÉFLEXIONS SUR LA LUMIÈRE

Je travaillais depuis plus de deux ans comme traductrice-interprète dans un milieu de travail malsain. La créativité n'y avait pas sa place, les questions non plus, les femmes non plus. Les hommes faisaient la loi. Le respect de la hiérarchie et l'obéissance étaient les valeurs cardinales. Les règles étaient strictes mais, comme par hasard, elles étaient contournées quand il s'agissait de servir les intérêts de ceux qui commandaient. Ce mot me fait encore frissonner aujourd'hui. *Commander.* Combien de fois avais-je entendu « C'est moi qui commande, contentez-vous de faire ce qu'on vous dit » … La façon dont le bureau fonctionnait était absurde. Il n'y avait aucune organisation, aucune direction, aucun soutien, nos supérieurs n'avaient jamais à rendre de compte.

Tout était toujours la faute des « fainéants ». L'intelligence émotionnelle et le bien-être des employés n'étaient même pas sur leur radar. J'avais l'impression d'être dans un bateau qui naviguait sur une mer agitée avec pour équipage des pirates éméchés dont l'égo surdimensionné était jugé suffisant pour compenser leur manque de connaissance de la navigation. Mais nous savons tous que le naufrage est inévitable pour les égos surdimensionnés. Bien que j'aie été embauchée pour laver le pont, ils avaient implicitement décidé que c'était ma responsabilité de mener le bateau à bon port. C'était couru d'avance, ils allaient me jeter par-dessus bord.

Je me sentais maltraitée, sous-estimée, impuissante et surtout condamnée à l'échec mais j'arrivais facilement à me convaincre de rester en pensant à ma sécurité financière. Je me fixais des échéances artificielles pour rendre mes journées plus digestes – « Encore six mois, c'est tout. Encore trois mois, c'est tout. Encore un mois, c'est tout… » Au début, j'essayais de me battre et de défendre ce qui était juste mais j'ai vite compris que c'était peine perdue. Ceux qui « commandaient » gagnaient toujours, même les batailles les plus absurdes. Alors j'ai fermé les yeux et laissé le navire suivre sa route agitée. Je me suis doucement laissée gagner par l'apathie et tout a perdu son sens.

C'est alors que j'ai commencé à faire des rêves...

Où est partie la lumière ?

C'était le milieu de la nuit et j'étais dans mon bureau, dans le noir, assise devant mon ordinateur. Mon corps était lourd de fatigue et je n'avais aucune énergie. Je posai la tête sur mon bureau, trop épuisée pour travailler. Une lumière venait du bureau de mon collègue, en face du mien, dessinant un triangle lumineux dans le couloir sombre. J'entendais mon patron m'appeler en criant – « Crystal !? Où est Crystal ?! Il n'y a pas de lumière dans son bureau ! Où est partie la lumière ? ». Je levai la tête et allumais la petite lampe de travail près de mon ordinateur mais elle s'éteignit aussitôt. Ma tête retombait sur mon bureau – cet effort m'avait épuisée. Les cris continuaient. « Crystal !? Crystal !? Où est partie la lumière ? ». Je n'avais pas l'énergie de répondre, alors je restais là, immobile, la tête posée sur mon bureau, cherchant un répit dans l'état d'apathie léthargique qui était devenu le mien.

Le pouvoir de la lumière

Là aussi, c'était le milieu de la nuit. Cette fois, j'étais dans mon appartement, plongée dans l'obscurité et une présence sombre et pesante me poursuivait de pièce en pièce. Je ne la voyais pas mais je la sentais. Au début, j'avais peur et j'essayais de m'enfuir mais mes tentatives d'évasion étaient futiles face à cette force omni-présente. Chaque fois que j'essayais d'allumer les lumières, « elle » les éteignait, me plongeant dans l'obscurité totale. Elle semblait se délecter de ma confusion frénétique. Prenant enfin conscience de la trivialité de mes efforts pour fuir dans ce jeu diabolique, je cessai de courir. Dans la cuisine, j'optai pour la confrontation. Debout, les deux pieds fermement plantés par terre, je sentis une énorme vague de colère palpiter dans mon corps. Quand elle est devenue trop forte pour que je la maîtrise, je la laissai exploser dans un hurlement qui s'éleva vers les nues – « Je te déteste !!!!!!!!!!!!!!!! Va te faire foutre !!!!!!!!!!!!!!!!!!!!!!! » (Excusez mon langage).

Sous l'effet de la colère, mon corps se dissolvait pour devenir un courant puissant d'énergie et de lumière qui a fait trembler le sol et exploser le plafond de mon appartement pour s'élever dans le ciel nocturne. J'étais sidérée par cette intensité. Ce pouvoir, mon pouvoir, m'effrayait. Je restai debout dans ma cuisine quelques instants, m'attendant à être consumée par la force de ma colère mais, au lieu de m'épuiser, celle-ci me rendait plus forte. Et c'est alors que les lumières se sont rallumées dans mon appartement... et, cette fois, sont restées allumées.

Le message était clair. Je m'étais éteinte dans ce milieu de travail malsain mais je n'avais pas perdu ma détermination à rallumer ma lumière.

Les gens de mon entourage me déconseillèrent de démissionner. Mets-toi en congé maladie, poursuis-les pour harcèlement moral, me disait-on, me suggérant aussi toutes sortes d'autres solutions qui m'auraient fait rester plus longtemps dans ce bureau, mais je ne les ai pas écoutés.

Première leçon : j'ai appris à faire confiance à ma boussole intérieure plutôt qu'à celle des autres.

J'ai écouté mon corps. Il manifestait la souffrance que j'avais accumulée en moi, sous la forme d'irritations cutanées et de fièvres inexpliquées. Je ne voulais pas revivre cela. Non, je n'aurais pas d'allocations chômage et, non, je n'avais pas un autre emploi qui m'attendait. Je n'avais rien, juste un puissant désir d'être libre de vivre la vie que je voulais vraiment, la vie que je méritais. C'en était assez.

RÉFLEXIONS SUR LA LIBERTÉ

Il devint rapidement clair que la liberté à laquelle j'aspirais était bien plus que la liberté que je pouvais obtenir en quittant mon emploi de bureau. J'allais devoir me libérer de moi-même. La première étape de ma nouvelle vie était de déterminer ce que je voulais faire. Souvent, quand je suis confrontée à des questions existentielles profondes, je consulte mes livres. Je me suis donc assise par terre devant ma bibliothèque, un après-midi. J'ai fait le vide dans mon esprit et j'ai interrogé l'univers : « Quelle est la meilleure vie que je pourrais créer ? ». J'ai pris un livre au hasard sur les étagères et je l'ai ouvert au petit bonheur. À ma surprise, la page était blanche. J'ai gloussé de rire et compris que c'était à moi de faire le travail mais que tout était possible. Je suis l'auteure de l'histoire de ma vie et une page blanche est le meilleur endroit où commencer à l'écrire.

Je me suis donc autorisée à rêver aux vies les plus folles : voyager pendant six mois au Sri Lanka, en Inde et au Costa Rica pour une quête spirituelle ; retourner m'installer en Californie, devenir écrivaine et vivre dans une petite cabane en bois au bord de la mer ; ouvrir un studio de yoga et de guérison dans le sud de la France ; devenir danseuse et chorégraphe à Paris. Très vite, mes idées se heurtaient à une cascade de croyances limitantes : « Je n'ai pas assez d'argent pour voyager pendant six mois, je n'écris pas assez bien pour devenir écrivaine, il y a déjà tant de studios de yoga, je suis trop âgée pour devenir danseuse ». J'ai repensé à la page blanche. Je me suis souvenue de mon pouvoir dans mon rêve. Je me suis souvenue des arbres. « Fais-le, ne te retiens pas. »

Deuxième leçon : J'ai permis que tout soit possible.

Toutes ces vies étaient possibles si je les voulais vraiment. Il fallait juste que j'aligne mon cœur, mon corps et mon esprit et que je m'engage sur un chemin. Alors j'ai demandé à ces différentes parties de moi-même « Qu'est-ce que tu veux vraiment à ce moment précis ? ». La réponse était claire. Mon cœur et mon corps voulaient danser. L'excitation de mon rêve d'enfance de devenir danseuse me revint d'un coup, me faisant frissonner de joie. D'accord, dansons.

Et c'est ce que j'ai fait pendant mes premiers mois au chômage. J'ai dansé. J'ai pris des cours, participé à des ateliers, découvert de nouveaux styles, me suis autorisée à suivre des cours que je pensais trop avancés pour moi. J'ai mis de côté mes croyances limitantes et fait ce que j'aimais. Non, je ne gagnais pas (encore) d'argent mais je nourrissais mon corps et mon âme.

Ce supplément d'âme, tel un engrais, aida d'autres idées à s'épanouir. Au bout de quelque temps, quelque chose commença à prendre forme en moi et j'ai compris ce qui reliait mes différents intérêts et passions. Il devint clair que tous ces domaines auxquels je m'étais intéressée – yoga, yogathérapie, danse, arts visuels, reiki, écriture, Feng shui – indiquaient que je voulais chorégraphier et utiliser le mouvement et l'énergie pour soigner. Les détails étaient encore flous mais le concept avait enfin germé.

Quant aux croyances limitantes, ce n'était pas facile de les repousser parce qu'elles revenaient toujours, parfois avec force, et cela continue. Elles apportent avec elle la peur. Dans mon cas, c'était surtout la peur de ne pas avoir assez d'argent pour payer mon hypothèque, mes factures et ma nourriture (et, honnêtement, c'est encore ma peur). Après des mois sans revenu, la peur était fondée. Elle me disait d'abandonner mes rêves ridicules et de prendre un autre travail de bureau. Je l'ai écoutée pendant quelques temps, consacrant mon énergie à chercher un « vrai » travail. Mais je n'ai trouvé que des portes closes. C'était un refus après l'autre de me recruter sur des postes pour lesquels j'étais plus que qualifiée, certes, mais que je ne voulais pas vraiment.

J'ai alors compris que mes actions n'étaient pas alignées avec mes désirs véritables. J'ai décidé de m'accorder le bénéfice du doute, de me servir de ces croyances limitantes pour apprendre à mieux me connaître et pour alimenter ma croissance dans le but de pouvoir réaliser mon plein potentiel. Je sentais en moi beaucoup d'énergie non exploitée qui pourrait faire naître de très belles choses si je lui en laissais la possibilité.

Troisième leçon : Je me suis promis que ce ne serait plus la peur qui guiderait mes décisions, mais l'amour.
Un amour de moi-même et un amour de mon potentiel. Je ne suis pas née pour vivre dans une cage ou pour laver le pont. Mon heure est venue de briller. Quand je calme mes peurs et décide de croire en moi, c'est alors que des choses mystérieuses commencent à arriver.

RÉFLEXIONS SUR LES SYNCHRONICITÉS

Je me suis récemment installée dans un nouveau quartier. Près de ma maison, il y a un centre culturel qui propose un vaste programme d'activités. Chaque jour, en passant devant, je me disais « Il faut que j'entre pour voir ce que c'est ». C'est ce que je me suis dit pendant facilement deux mois jusqu'au jour, à la mi-juin, où je me suis réveillée en me disant « C'est pour aujourd'hui. Il faut que j'aille à ce centre culturel AUJOURD'HUI ». L'envie était trop forte pour résister. Alors j'y suis allée, ne sachant pas très bien quel serait l'objet de ma visite.

Une fois sur place, j'ai décidé de leur demander si je pouvais louer une salle de répétition. Je rêvais depuis un certain temps d'un endroit où juste danser et créer. La secrétaire répondit à mes questions d'un ton distrait en brassant des papiers sur son bureau. Sans me regarder, elle me demanda « Quel genre d'activité vous voulez répéter ? », comme pour la forme.

« Je cherche un espace où danser », lui répondis-je.

Elle s'arrêta, leva le nez de ses papiers et me regarda dans les yeux avec curiosité. « Quelle sorte de danse ? »

« Contemporaine », dis-je sans hésitation.

Ses yeux se sont illuminés et les traits de son visage se sont adoucis. « Il se trouve justement que nous cherchons désespérément un professeur de danse contemporaine. Ça vous intéresserait ? Si oui, je peux vous présenter tout de suite au directeur. »

J'ai bien évidemment dit oui et, quelques secondes plus tard, j'étais assise en face du directeur et lui expliquais mon expérience en danse. Il semblait sincèrement intéressé et nous avons pris rendez-vous pour une entrevue officielle deux jours plus tard. Je suis sortie du centre culturel en gambadant, j'étais sur un nuage. Je n'arrivais pas à croire à ma chance !

Mais les lois du monde matériel demeurent. Les rêves ne se réalisent pas d'un claquement de doigts.

Quatrième leçon : Des fois, je dois renoncer à ce que je veux pour faire de la place à ce qui est vraiment supposé se passer.

Je suis allée à mon entrevue au centre culturel sûre que le poste était pour moi. Au lieu de cela, le directeur m'annonça qu'il ne pouvait malheureusement pas m'embaucher parce que je n'avais pas le fameux Diplôme d'État de professeur de danse exigé en France. Il m'annonça aussi qu'il ne pouvait pas non plus m'embaucher comme professeure de yoga parce que le centre en avait déjà une et cela créerait une concurrence qu'il ne souhaitait pas. « Génial, c'est fichu ! » me suis-je dit.

« Mais… », ajouta-t-il, « si vous êtes intéressée, le centre peut financer votre diplôme de professeure de danse. En attendant, nous avons une ouverture les mardis de 19 h à 21 h 30. Quels cours pouvez-vous donner ? »

Reprenant espoir, je lui ai présenté mes idées de cours de mouvement basés sur le yoga, la danse intuitive et la danse-thérapie et il a été convaincu ! Ces idées lui plaisaient beaucoup et il a ajouté sur le champ mes cours dans le calendrier.

Cinquième leçon : Toujours donner la priorité à mon intuition et agir en fonction d'elle, même si mes « envies » semblent délirantes.

L'une de ces envies n'a pas tardé à se manifester. Un matin, j'ai eu l'envie irrésistible d'aller voir un centre pour les associations qui se trouvait lui aussi dans mon quartier. J'avais dans l'idée de leur déposer des prospectus pour mes cours de yoga dans le parc pendant l'été. La dame à l'accueil était raide et son visage était fermé quand je lui ai demandé si je pouvais laisser des prospectus.

« C'est pour une association ? » me demanda-t-elle d'un ton accusateur.

« Non. Je suis indépendante », répondis-je un peu honteuse.

« Alors c'est non. Vous ne pouvez pas laisser de prospectus ici, c'est hors de question. C'est un centre pour les associations et vous n'en êtes pas une, donc nous ne pouvons pas vous aider », déclara-t-elle, moralisatrice.

Encore une fois, les règles du monde matériel s'appliquent. J'étais décontenancée mais, pour une raison mystérieuse, j'ai insisté.

« Vous voyez, j'ai cette idée… » et je lui ai expliqué mon idée sur le yoga et le mouvement.

Elle a écouté avec attention puis a griffonné une adresse mail sur un bout de papier qu'elle m'a tendu.

C'était une adresse mail générique pour le département de la planification d'événements de la mairie. Je l'ai remerciée et suis repartie un peu découragée. L'après-midi, j'ai écrit un mail pour présenter mon idée, me disant qu'il « allait certainement se perdre dans l'éther des communications virtuelles. »

Dès le lendemain, j'ai reçu un appel de la directrice du département santé de la mairie !

« On m'a fait suivre votre mail et votre idée m'intéresse vivement. La municipalité organise une Semaine de la Santé dans un mois. J'aimerais beaucoup vous rencontrer et voir comment nous pourrions collaborer. »

La rencontre s'est bien passée et je suis repartie avec une collaboration avec la mairie pour des ateliers de mouvement pendant sa Semaine de la Santé. J'ai remercié ma bonne étoile.

Les choses semblaient lancées et, un peu plus tard, j'ai reçu un autre appel mystérieux :

« Bonjour, j'ai vu les ateliers que vous organisez pour la mairie et j'aimerais vous rencontrer pour voir si nous pourrions offrir ensemble des cours pour les personnes âgées. »

La réunion s'est bien passée et j'en suis sortie avec un projet de collaboration pour enseigner des cours de yoga à des personnes âgées une fois par mois et une invitation à participer au Forum des seniors. J'ai de nouveau remercié ma bonne étoile.

Sixième leçon : Les gens avec qui je dois travailler me trouveront, ils me remarqueront.

J'ai commencé à recevoir plus d'appels et de messages textes de gens qui cherchaient des cours de yoga, des séances de coaching, des activités culturelles, des ateliers de danse. Tous n'ont pas mené à du travail mais j'ai le sentiment d'avoir mis tous les ingrédients dans la marmite. Maintenant, ça mitonne, des choses bien meilleures que ce que j'aurais pu imaginer se préparent. Les bonnes choses prennent du temps pour se réaliser.

RÉFLEXIONS SUR LA RÉUSSITE

J'ai mis du temps à accepter, vraiment accepter, de participer à ce livre. J'ai encore du mal avec la légitimité. Suis-je vraiment celle que je dis être ? Le plus dur n'est pas de convaincre les autres de ma valeur mais de m'en convaincre moi-même. Mais je sais que, quand je verrai ma valeur, les autres la verront aussi.

Je ne gagne toujours pas suffisamment d'argent pour vivre de ma nouvelle activité et j'ai encore beaucoup de formation formelle à terminer. Mais je me rends compte que la réussite n'est pas une question d'argent ou d'éducation. Réussir, c'est se servir de son talent et le partager avec les autres avec authenticité et amour de ce qu'on fait. Réussir n'est pas une question de résultat, c'est avoir l'audace d'essayer et de montrer de quoi on est capable.

Nous vivons dans un monde axé sur les résultats où la priorité est donnée à la productivité. Quand nous ne produisons pas les résultats souhaités, nous sommes exposés aux réprimandes de nos supérieurs ou aux nôtres, et notre confiance en nous prend une claque. En réalité, nous ne contrôlons pas les résultats, seulement nos contributions. C'est pour cette raison que j'ai décidé de ne pas être un « faire humain » qui produit des résultats ; je suis un « être humain ». Le cri que j'ai poussé dans le Bois de Boulogne à Paris était un cri qui disait au monde et à moi-même « Basta, qu'on me laisse être qui je dois être ».

Et l'issue de tout cela ? Eh bien, c'est aux arbres de le dire.

Isa Lichtenthurn

L'INFINI DES POSSIBLES

Élevée dans une famille où tout était toujours possible, j'ai été encouragée dès mon plus jeune âge à réaliser mes rêves. À 15 ans, apprentie dans une agence de voyage, je reçois mon premier salaire et trois ans plus tard, je pars sac au dos pour une année de découverte en Asie et en Australie.

À 28 ans, je quitte une nouvelle fois la Suisse avec mon amoureux pour un périple autour du monde. En cours de route, dans un hôpital mexicain, un diagnostic tombe : cancer du système lymphatique. J'interromps notre voyage et rentre en Suisse.

En parallèle du traitement allopathique habituel, je découvre les thérapies douces qui parlent aussi bien au corps qu'à l'âme. En 2000, je crée L'Intermed avec ma soeur, un lieu de partage et d'aiguillage en thérapies alternatives, un Doctissimo avant l'heure.

En 2002 ma mue commence. Gagnés par un vent de liberté et de changement, nous nous installons en Provence et nous transformons une vieille bâtisse en chambres d'hôtes. Notre concept inédit pour l'époque est axé autour du bien-être : yoga matinal, massages, repas sains et délicieux pour régaler nos hôtes.

En 2011, notre esprit d'entrepreneur refait surface. Nous vendons *Felisa* et nous attaquons à un projet titanesque : rénover un sanatorium perché sur une falaise.

En 2019 nous décidons de vendre pour nous réinventer ailleurs et nous installons en Algarve ou je m'immerge dans la création artistique en ouvrant *Atelier33*, et en partageant ma passion pour la cuisine sous la forme de bénévolat dans une association locale.

Facebook : https://www.facebook.com/atelier33algarve

Isa Lichtenthurn

L'INFINI DES POSSIBLES

Chacun pense à changer le monde, mais personne ne pense à se changer soi-même.

– Léon Tolstoï

Aujourd'hui avec des lunettes connectées nous pouvons expérimenter une réalité virtuelle et voyager dans des lieux « extraordinaires ». Le soleil brille toujours, la mer est bleu turquoise et il souffle une brise parfaite. Mais est-ce bien voyager ?

Pour moi le voyage c'est se perdre un peu pour mieux se retrouver, il a toujours tenu une place prédominante dans ma vie. Ce que j'aime par-dessus tout dans le Voyage c'est de ne pas avoir de programme, me réveiller avec le soleil et me coucher quand je suis fatiguée, oublier l'heure. Pleurer devant un paysage qui me transporte, marcher les pieds dans la boue à marée basse, goûter un plat typique, découvrir de nouvelles saveurs, faire mon marché, me poser à un endroit et prendre un peu racine. Me rassasier de beauté et de nature sans craindre les jours de pluie, accepter dans la joie tout ce qui EST. Je fuis les endroits coup de cœur du guide qui sait tout et préfère m'essayer chaque jour à quelque chose de nouveau, avec des yeux d'enfants, sans attente et surtout avec émerveillement.

En 1999, partie avec mon amoureux de Quito en Équateur depuis 5 mois, nous savourons la liberté du voyage avec pour objectif de faire le tour du monde. Nous avons traversé de multiples frontières à pied, grimpé les 1200 marches en pierre de la Cité Perdue les jambes flageolantes à la suite d'une tourista pas piquée des vers, dormi à la belle étoile dans des hamacs, entourés de moustiques, soigné des ampoules dues à de multiples journées de marche. Nous avons aussi joué les aventuriers en découvrant un atoll d'îles paradisiaques au large du Panama, plongés dans des eaux turquoise entourées de mille couleurs ... Que de souvenirs merveilleux !

La blessure est l'endroit où la lumière entre en vous.

−Rûmî

Au fur et à mesure de nos pérégrinations, mon corps se transforme de manière inquiétante. Nous décidons alors de clarifier la situation en prenant rendez-vous à l'hôpital américain de Mexico City.

Clicerio, médecin oncologue empathique et d'une grande bonté - il jouera en son temps le marieur en nous organisant une fête inoubliable remplie d'amour - nous annonce la nouvelle : cancer du système lymphatique à un stade avancé. La suite de l'histoire est plus terre à terre. Retour en Suisse pour continuer à vivre.

La chimiothérapie débute et avec elle une série d'épreuves physiques et émotionnelles. Mes cheveux tombent par poignées, mon ventre gonfle, je n'arrête pas de vomir et mon énergie s'évapore. Je deviens dépendante des autres pour des choses simples. Heureusement mes proches m'entourent de leur amour et de leur soutien inconditionnel. « Il faut te battre » me disent-il ! Me battre contre moi-même ? Mais je ne suis pas en guerre avec mon corps.

Alors, je décide d'embrasser la vie telle qu'elle est, avec ses hauts et ses bas. Je prends les choses en main, car au final je suis la seule responsable de ma santé et de qui j'ai envie d'être. Jour après jour, je me sens plus alignée. Je commence à voir ce cancer non comme un ennemi, mais comme un messager. Il me pousse à réévaluer mes priorités. Je commence à pratiquer la méditation, je change mon alimentation, apprends à manger sainement et à écouter mon corps. Chaque jour devient une occasion de dire un grand oui à tout ce qui est, de remercier pour chaque petite chose.

Pendant deux ans j'expérimente la maladie, j'en ressors grandie, plus sereine, prête à accueillir ce que l'avenir me réserve avec le sourire et un cœur ouvert. Lorsque je pense à mon périple autour du monde, je me dis qu'il a pris une tournure inattendue : j'ai voyagé à l'intérieur de moi-même et je me sens profondément reconnaissante.

Durant les séances de chimiothérapie, j'ai croisé le chemin de nombreuses personnes en proie à la solitude et à la confusion, se laissant guider par les paroles dogmatiques de leur médecin sans se douter qu'il pouvait exister d'autres approches en parallèle. En ce qui me concerne, j'ai eu beaucoup de chance. Philippe, mon amoureux et compagnon de vie, avait ouvert les portes « d'autres possibles » depuis bien longtemps. Grâce à lui, j'ai essayé diverses thérapies plus naturelles tout en continuant les traitements allopathiques.

J'ai jeûné, testé la cure ayurvédique de panchakarma— une détoxification et purification ayurvédique— et rencontré des individus passionnants. Ma soif d'apprentissage m'a même mené jusqu'au Québec où j'ai expérimenté en fin de compte que tout était en moi. Je me suis tellement fait masser que je devais être bonne à manger !

Art thérapie, méthode Feldenkrais, naturopathie, réflexologie, sophrologie, constellation familiale n'ont bientôt plus eu de secret pour moi. Ce trésor de savoirs accumulés pendant ma maladie m'interpellait ... Pourquoi ne pas les partager !

Partager son savoir-faire et se laisser porter par son rêve
Avec ma sœur Laetitia, nous ouvrons L'Intermed, un lieu dédié à l'écoute, à l'échange et au développement personnel. Notre

mission était simple : offrir à chacun la possibilité de changer de perspectives et d'explorer de nouveaux horizons, et lui proposer un véritable tremplin vers un avenir plus lumineux.

En fonction des besoins de chacun, nous présentions les différentes thérapies physiques et psychologiques envisageables, sans poser de diagnostic. Notre client repartait avec quelques thérapies envisageables, des adresses de spécialistes et peut être aussi le sentiment d'avoir élargi son champ des possibles.

S'en suit une période riche en partages, ouverte vers l'Autre dans la bienveillance et le respect. Avec du recul, je me rends compte que j'ai toujours aimé l'excitation qu'apporte un nouveau projet. Toutes ces premières fois créatives et un peu naïves m'ont toujours transportée et donné des ailes. D'ailleurs, encore aujourd'hui j'adore faire des listes +/-, esquisser une future cuisine, échafauder des business plans, changer de casquette et jouer à l'architecte, au maçon ou à la cuisinière.

Notre passé, nos peurs, notre conditionnement créent nos limites, s'en libérer sans crainte, sans préjugé est un cadeau inestimable de la vie. Avec Philippe nous avions un rêve. Déménager dans le sud de la France au soleil, ne dépendre de personne, imaginer et créer un lieu de vie différent à partager autour du bien-être, dans la joie et la simplicité.

En 2002, forts de notre désir de changement, nous concrétisons notre rêve, quittons la Suisse et posons nos bagages dans un petit village du Gard. S'en suit une période d'apprentissage intense, tout est nouveau. Que de premières fois magnifiques !

Je me souviens encore de mon sentiment de satisfaction après avoir construit mon premier mur ! Lors de l'installation du lavabo en béton que nous avions créé de toute pièce dans le jardin, j'exultais ! Les kilomètres d'enduits à la chaux, la tendinite au poignet droit suite à l'utilisation effrénée d'un marteau piqueur ont marqué mon corps.

Un chantier est un bel exemple de vie, c'est un peu les montagnes russes, il nous fait passer d'un sentiment de joie intense à un grand désespoir.

Des doutes j'en ai eu à la pelle pendant les travaux : est-ce que les chambres seront assez insonorisées ; comment garer les voitures dans le jardin ; aurons-nous assez d'argent pour terminer ; doit-on garder la poutrelle en métal qui traverse la cuisine ; finirons-nous à temps ; pourquoi le plombier n'est pas là aujourd'hui ; comment rénover le toit sans y laisser notre chemise ? Des nuits blanches à cogiter, des journées harassantes, les gants dans la bétonnière et une truelle à la main, à monter les murs de la cabane du jardin … et j'en passe des vertes et des pas mûres.

En revanche, pas une minute je n'ai douté du succès de notre projet et la suite de l'histoire me donnera raison.

Ils ne savaient pas que c'était impossible, alors ils l'ont fait.

—Mark Twain

Nous sommes nos propres limites, faire de ses rêves une réalité est un cadeau que je me suis fait à maintes reprises.

Notre maison d'hôtes *Felisa* a revêtu ses plus beaux atours, nous quittons le bleu de travail pour adopter le short et les sandales, il n'y'a plus qu'à ! Un peu stressés malgré tout d'apprendre un nouveau métier sur le tas. Au quotidien, nous pouvons partager un repas, de joyeux moments, des éclats de rire, un bon bouquin, des échanges philosophiques, mais une maison, c'est une autre paire de manche ! Allions nous aimer cela ?

J'ai adoré chaque instant, quelle chance d'avoir pu faire ce si joli métier pendant 20 années.

Nous avons commencé notre première saison sur les chapeaux de roues. Grâce au début d'Internet, la maison était pleine. Nous avions imaginé un concept autour du bien-être, je revenais à mes premiers amours, un package d'une semaine avec yoga matinal, massages et repas tous les soirs.

Fin décembre de la première année, nous étions heureux mais lessivés, il allait falloir revoir nos priorités. Être son propre patron a cela de merveilleux, on peut régler son horloge de vie comme on le souhaite.

Que de belles rencontres ! Très souvent, quand la porte s'ouvrait sur de nouveaux hôtes, j'avais l'impression de les reconnaître et cela amenait beaucoup de légèreté dans les relations. J'avais envie de les bichonner, d'être à leurs petits soins, de les régaler. Je leur concoctais des bols de lait agrémentés d'huiles essentielles, qui fleuraient bon, à ajouter dans leur jacuzzi, pour relaxer les muscles endoloris ou titiller les âmes sensibles.

Je me suis découverte cuisinière et ai été subjuguée par la merveilleuse alchimie qu'est cuisiner pour l'Autre. C'est comme si je savais déjà, je ne prenais pas mon inspiration dans les livres mais m'essayais à des recettes toujours nouvelles. Ce qui me faisait vibrer, c'était tous ces instants entre mes pensées créatives et le plat que j'allais servir. À un moment donné, tout se mettait en place. Comble du bonheur, je me suis rendu compte que j'avais un petit don et qu'il me fallait juste penser à un mélange d'ingrédients pour en avoir le goût en bouche. À partir de ce moment, je me suis amusée follement, surtout avec les mets salés. Quant à la rigueur des desserts avec ses pesées et ses temps d'attente, elle est aussi une des raisons pour lesquelles je me suis, par la suite mise à la peinture acrylique, mais je m'égare !

Les hôtes n'ayant pas d'attente, je n'avais aucune pression, j'étais libre. Je me souviens de quelques soirées épiques. Par exemple, celle où, suite à une coupure de courant, il a fallu, munie d'une lampe frontale, changer de menu à la dernière minute car le quasi de veau au romarin, qui cuisait doucement au four, ne serait jamais cuit ! Ou encore la soirée de folie où nous avons dû servir nos hôtes, sourire aux lèvres, alors que dehors c'était le déluge et que l'on risquait l'inondation à tout moment.

Nous avions trouvé un rythme de croisière qui nous convenait à merveille, sept mois de travail intense, un mois de petites rénovations et, cerise sur le gâteau, quatre mois de voyage.

C'est à cette époque, que nous faisons le choix de continuer à vivre à deux et de ne pas agrandir la famille. Nous ne ressentions pas le besoin de laisser de trace et j'avais au fond de moi l'intime conviction d'avoir déjà donné, peut-être dans d'autres vies !

CRÉATEUR DE SA PROPRE VIE, VOILÀ UN BIEN BEAU MÉTIER

En 2009, un vent de folie souffle dans nos têtes, et nous nous embarquons dans une nouvelle aventure. Le challenge est de rénover une bâtisse du 19ème siècle de quatre étages, perchée sur des gorges, du très lourd ! Une année de travaux intenses, les journées qui n'en finissent pas, le corps qui souffre, les doutes ! Mais toujours cette même envie de se dépasser et cette impression que tout est toujours possible, que tout se met en place simplement quand notre cœur est aligné, le joyeux théâtre de la vie.

Et c'est reparti pour un tour de manège, notre nouvelle maison d'hôtes *Metafort* ouvre ses portes et nous offre huit années de grand bonheur. Je vous remercie de tout cœur, hôtes merveilleux ; grâce à vous, ces années ont été fantastiques.

Je ne me suis jamais attachée matériellement aux endroits où j'ai vécu, mais cette maison-là, perchée en haut d'un village comme dans les comptes de fées, m'a touchée en plein cœur.

Installée sur le muret surplombant les gorges, les pieds dans le vide, j'avais l'impression d'être connectée à quelques choses de plus grand et c'était magique.

Être libre était ce que j'aimais par-dessus tout dans ce métier, mais comme dans la vie tout change, il y a eu beaucoup de nouvelles règles à respecter. Fini le bon vieil agenda en papier, bonjour aux grands portails d'hébergements sur Internet.

Avant de devenir aigris, nous préférons vendre et décidons, une fois encore, de sortir de notre zone de confort. Nous quittons la France et déposons les affaires d'une vie dans un container en Algarve, au sud du Portugal.

Ce qui m'émerveille dans tous ces transitions, c'est d'avoir un compagnon qui ressent les mêmes choses que moi, qui a les mêmes envies au même moment. Cela apporte beaucoup de légèreté et une dynamique magnifique.

Pour cette nouvelle aventure nous nous étions imaginés être tout à la fois bâtisseurs, entrepreneurs écologiques et agriculteurs en permaculture, cela sonnait bien !

Notre projet était limpide : construire des maisons autosuffisantes en terres crues. A cette fin, nous avions imaginé plusieurs systèmes pour économiser l'eau, de la récupération des eaux usées à la création de patios afin de ne pas utiliser de climatisation. Nous avions passé des journées à faire des plans, à nous intéresser aux nouveaux produits de construction écologiques et, pour couronner le tout, nous avions acheté deux terrains.

En écrivant cette phrase je rigole un bon coup, car la suite de l'histoire est très différente, et ça grâce au Covid. Au Portugal aussi ce fut une période de statu quo, alors nous avons pris le temps de vivre, de découvrir la région, de parler avec des constructeurs. Nous avons rencontré beaucoup de gens comme nous, des « expats » de toutes nationalités, et avons compris qu'ici tout était différent, les codes, la manière de travailler, la paperasserie, la bureaucratie, etc.

Nous avions débarqué avec un ego surdimensionné, en mode « je sais tout », mais nous avons rapidement dû revoir notre copie ! Après avoir fait notre fameuse liste +|-, tout devenait évident. Nous allions vivre et ne pas faire !

Je suis une grande fan de ces instants où, dans la clarté et le lâcher prise, tout se met en place, il suffit de demander. Un peu simpliste, je l'admets, mais quand je regarde en arrière, je constate que toute ma vie a été ainsi. Coïncidences, destin ?

D'ailleurs, ici, dans la jolie ville d'Olhão, je me reconnais une nouvelle fois. Vivre au bord de la mer n'était pas sur la liste de mes envies. Heureusement que je n'y prêtais pas trop d'attention car je me serais privée de cette expérience formidable. En dix minutes à pied, je me retrouve devant la lagune, du bleu à perte de vue, sauf à marée basse. Toutes les six heures, l'eau se vide comme dans une baignoire ; à ce moment, le paysage change du tout au tout, un nouveau monde.

En face, des îles de sable blanc paradisiaques avec des noms qui font rêver, Armona, Deserta, Culatra, notre aire de jeux depuis quatre années.

Laissez la beauté de ce que vous aimez devenir ce que vous faites.

−Rûmî

Quand j'ai commencé à peindre il y a 20 ans, c'était pour décorer les murs de Felisa. Par la suite, je m'étais créé un petit atelier de 5m^2 avec vue sur les gorges, qui me permettait de peindre à l'intérieur et à l'extérieur de *Metafort*. Je jouais à l'artiste et j'aimais bien cela. D'ailleurs quand je mettais mon habit de peintre il m'arrivait de vendre une toile, à peine sèche, à un hôte.

Dans cette étape de ma vie, je vois plus grand et, avec une amie belge peintre, nous ouvrons *Atelier 33*. Le but n'est pas de se prendre au sérieux, mais d'explorer, dans la joie et la bonne humeur. J'aime m'essayer à d'autres approches, sortir du cadre, utiliser un support différent. Actuellement, je teste la toile de jute et j'adore ça. Je joue avec les textures, ajoute du plâtre, de la craie, les cendres de ma cheminée, joins deux toiles en faisant de la couture. Un exubérant bazar !

L'atelier est un espace de création libre, sans horaire. Dans le monde d'aujourd'hui, où tout est cadré, organisé, planifié, nous jouons les trouble-fête. S'il est bien une chose que j'ai saisie, c'est que la vie est courte, qu'il n'y a rien de juste ou de faux, il y a cette jolie chanson qui résonne en chacun de nous et qui nous murmure que tout EST parfait, rien à faire, rien à changer.

Vivre dans ce beau pays du Portugal me comble. Je ne voulais pas être ici à Olhão en tant qu'observatrice mais participer à la vie locale, alors j'ai appris le portugais et j'ai souhaité aider ma nouvelle communauté.

J'ai rencontré un ange, Patricia, qui pendant le Covid a créé l'association "love for all" pour aider les plus défavorisés. Depuis deux années, les vendredis selon mes disponibilités, je prépare à manger pour 40 âmes humaines dans le besoin. Je me suis trouvé une nouvelle famille, bienveillante, joyeuse. J'y suis à ma place et c'est juste parfait !

Dans cette histoire d'amour avec le Portugal, nous visitons les Açores et avons un coup de cœur pour l'île de Pico. Ici, au milieu de l'Atlantique, sur ce bout de rocher volcanique qui me rappelle l'origine de la Terre, je me sens parfaitement alignée, avec la certitude d'être au bon endroit. Je fais l'expérience de mon moi profond et me sens connectée au tout, reliée des profondeurs de la terre jusqu'aux étoiles. Une introspection divine qui me remplit de gratitude. Je suis subjuguée par la beauté, par cette nature pure et brutale qui n'a pas besoin de nous, où le jour pointe son nez quotidiennement pour un éternel recommencement. Et si l'Atlantide avait existé !

Je ne peux pas terminer ce chapitre sans dire un mot de mon amoureux. Au moment où j'écris ces lignes, nous fêtons nos 25 années de mariage. Un quart de siècle de bonheur intense !

J'adore voyager à tes côtés, me réveiller chaque matin auprès de toi, ta zenitude, ta patience, ton entêtement quand tu tombes sur un os, ta vision de l'univers, ton ouverture aux dimensions spirituelles, ton côté bricoleur et toutes ces petites choses qui font que tu es cet homme merveilleux avec lequel je chemine.

Tout au long de nos pérégrinations il y a eu quelques bourrasques, des petits grains, mais savoir que nous étions toujours là l'un pour l'autre, quoi que la vie nous réserve est le plus beau des cadeaux. Philippe, tu es mon marin au grand cœur, ma boussole et je remercie l'univers de t'avoir rencontré.

Cet univers n'est pas à l'extérieur de vous. Regardez à l'intérieur de vous-même ; tout ce que vous voulez, vous l'êtes déjà.

−Rûmî

Florence Bibollet

MA LIBERTÉ

Née en 1967, c'est à l'âge de 35 ans que je découvre le yoga. Assise sur mon tapis, Je ressens immédiatement comme une évidence le fait de rester immobile en silence. Pour moi, c'est comme un acte radical, et d'une certaine manière, sacré. C'est le début d'une longue quête pour apprendre à me connaître.

J'entame très vite une première formation Viniyoga en 2004 et ouvre des cours collectifs pour tous dès 2007. Diplômée ensuite par l'Institut de yogathérapie, puis formée en Vinyasa et Yin Yoga, j'organise également des suivis individuels et différents ateliers.

Mon rôle consiste simplement à aider les personnes à s'accueillir, en privilégiant la douceur et le repos devenus presque un luxe dans notre époque agitée.

En parallèle, je dispense des formations de français pour les étrangers qui m'enrichissent en m'ouvrant à d'autres cultures.

Cherchant sans cesse à mieux définir ce qu'est la Santé, je m'intéresse de près aux bienfaits de la médecine intégrative ; je suis active dans une association qui aide les personnes atteints de la maladie du cancer sous l'angle de l'approche métabolique de cette pathologie.

bibolletflorence@gmail.com
Facebook : Alpesyogatherapie

Florence Bibollet

MA LIBERTÉ

La lumière ne peut venir que des ténèbres assumées.

−Annick de Souzenelle

1) FUIR

D'aussi loin que je me souvienne, j'ai toujours entendu ma mère me reprocher d'être différente, comme si le fait d'être singulière pouvait à la fois constituer une faute et représenter une menace.

Moi, l'enfant la plus sage et la plus discrète qui soit, j'ai cultivé cette différence dans une désobéissance silencieuse et insoupçonnable. Cherchant à échapper au carcan familial, ne pouvant y définir ma place, j'avais trouvé refuge dans le rêve. Alimentant le Non à l'intérieur, je me coupais du réel, j'apprenais à devenir insaisissable, hors d'atteinte. Je me cachais pour bâtir mon monde. J'avais trouvé une voie possible vers ma liberté.

Depuis si longtemps, il y a cette petite voix qui me pousse à fuir le club qui m'accueille comme membre, les hommes qui m'aiment trop, les conversations où tout le monde tombe d'accord. Quel ennui !

Ne pas être là où on m'attend me procure un plaisir plein d'arrogance où je cherche à entrer en contradiction. Pour moi, la vie est mouvement, le consensus est morbide. La pensée unique me rend folle.

Au cours de ma vie, j'ai réalisé que derrière cette réaction farouche et remplie d'orgueil d'éviter l'enfermement se cachait la peur de l'abandon. Face à la volonté de contrôle exercé sur moi dès l'enfance, associée à l'instabilité émotionnelle de ma mère, je baignais dans un climat d'insécurité, manquant d'un cadre rassurant et craignant continuellement les accès de fureur de la figure maternelle qui avaient pour effet de me projeter dans un *no man's land* vertigineux. Pour prendre ma respiration, j'ai quelquefois usé de la provocation.

En choisissant la voie du yoga, que j'interprétais comme un chemin vers la liberté, je ressentais le besoin d'entrer en contradiction avec mes collègues enseignants. Je critiquais leur besoin d'appartenance à une communauté et une forme de dérive idéologique et sectaire que je croyais déceler chez eux. Surtout ne pas entrer en yoga comme on entre en religion.

Dans nos sociétés, le rôle de l'enseignant de yoga est souvent idéalisé. Or, j'étais justement très loin d'incarner le fantasme du prof toujours zen, à l'hygiène de vie irréprochable ; un peu par provocation, et surtout parce que je ne me sentais pas à la hauteur du chemin spirituel à emprunter, et avais des difficultés à m'engager pleinement. Ma démarche, bien que sincère, était encore timide. Je me sentais parfois en décalage avec les autres.

J'ai le sentiment que nous passons le plus clair de notre temps à nous fuir. Lorsque je me suis séparée du père de mes enfants, j'ai barré le passage au courant émotionnel qui me traversait, cherchant à faire preuve de courage, obéissant à l'injonction qu'il faut être fort ! J'ai ainsi enfoui une profonde tristesse et refusé de céder à la colère qui grondait à l'intérieur ; ceci a eu un effet désastreux sur ma santé.

Quel message envoyons-nous à nos enfants lorsque nous nions nos émotions négatives ? Nous leur enseignons que leur ressenti ne peut être validé. Je me persuadais qu'il n'y avait rien de grave dans ce que je vivais ; à l'intérieur, c'était le chaos. Mon corps a accusé le choc, et puis je n'ai pas voulu écouter ses signaux d'alerte.

2) NOTRE POUVOIR EST IMMENSE

Oui, je croyais profondément à l'engagement spirituel, mais j'y croyais pour les autres, pas pour moi ! Puis, peu à peu, en apprenant à m'aimer, j'ai pris conscience que j'idéalisais le potentiel d'autrui en négligeant le mien. Si je pouvais croire en la force de l'autre, pourquoi ne pas croire aussi en la mienne ? Que sont nos héros, sinon une projection de notre moi idéalisé ?

Aujourd'hui je réalise qu'un grand artiste reconnu, un scientifique prestigieux, le premier homme posant le pied sur la lune, et autres modèles si longtemps relégués aux confins d'un monde absolu, sont le reflet de moi ! Je peux me retrouver en chacun d'eux, ils ne représentent plus que la matérialisation de ma propre créativité. Au fur et à mesure que j'avance en âge, je constate en effet que je peux m'ouvrir davantage à l'énergie des autres, ce qui a l'avantage de me rendre plus hardie. L'autre, loin d'être une menace potentielle, est un miroir tendu.

– S'aimer

Au fil du temps, j'apprends à m'autoriser le bonheur et à laisser ma curiosité prendre le pas sur ma timidité autrefois maladive. Celle-ci s'est considérablement apaisée, grâce au yoga et à différents évènements de ma vie qui m'ont poussée à élargir mon champ d'expression.

La pratique du yoga modifie notre état émotionnel. Elle conduit à la découverte d'une immense joie qui réside au plus profond de chacun de nous, qui constitue notre nature véritable. Elle nous aide à cultiver l'estime de soi, l'autocompassion, nous encourageant ainsi à ne plus chercher à l'extérieur ce que nous sommes en mesure de trouver en nous. Cette discipline peut être un puissant outil de transformation.

Lorsque je laisse le champ de ma conscience s'élargir, l'opportunité m'est donnée de ne plus m'identifier à l'image que j'ai de moi, de quitter mon identité, du moins dans ce temps d'intériorisation. Il est bon de lâcher la définition que l'on a de soi, tellement limitée, et de réaliser que nous sommes bien au-delà de notre rôle dans la société. Non, je ne suis pas seulement une mère, une amie, une enseignante, etc.

Une morosité avait vu le jour et pris sa source très tôt dans l'atmosphère pesante de négativité qui stagnait entre les quatre murs de mon enfance. Un pessimisme de bon ton dans la famille, comme s'il existait un pacte tacite autour de l'idée que la vie n'épargne personne. Être heureux, comme une offense… Nulle place ici pour s'épanouir dans sa singularité. Combien de fois ai-je entendu des phrases énoncées avec fierté commençant par les mots « je n'aime pas », comme s'il fallait se définir par la négative. J'avais endossé très tôt le rôle du mouton noir, non sans culpabilité, puisque ma mère avait souligné ma différence et par là même désigné mon rôle. J'y trouvais mon compte puisque cela me permettait *a priori* de tracer mon propre sillon, mais je n'avais pas réalisé que j'obéissais aussi à une injonction maternelle.

J'ai fini par comprendre un jour que tout est possible, à chaque instant, et que rien, en dehors de moi-même, n'a le pouvoir de me limiter. J'aime me souvenir que nos cellules se renouvellent à chaque seconde, et qu'ainsi une éternelle seconde chance nous est donnée pour rebattre les cartes !

J'avais un besoin viscéral de liberté et je croyais la perdre quand le mouvement cessait, craignant de rester figée telle la Belle au bois dormant. Or, c'est dans l'immobilité qu'elle a fini par se révéler à moi.

– **La puissance de la vie face à la confrontation avec la mort**

Une rencontre forte avec moi-même me permettant d'avoir accès à mon histoire authentique s'est faite à la faveur de plusieurs évènements.

En 2003, Le décès de ma sœur a constitué un tournant important et marqué le début de mon intérêt grandissant pour la spiritualité. Jusque-là restée dans l'ombre, je me suis sentie invitée à exprimer mon plein potentiel. Quelque chose de plus grand que moi me disait qu'il était temps de quitter ma cachette.

La lecture de *L'Audace de vivre*[13] d'Arnaud Desjardins m'a considérablement aidée à sortir du gouffre où m'a projeté la mort brutale de ma sœur. J'ai trouvé dans cet ouvrage la définition juste de l'ouverture que je cherchais depuis toujours, et ressenti l'appel du large. Je jugeais mon monde si petit ! L'auteur définit la voie du yoga comme l'Aventure suprême et démontre combien le chemin est long et difficile pour s'avancer dans l'aventure de l'existence. Pour lui, la peur de la mort découle du sentiment de n'avoir pas réellement vécu. Ce n'est pas de la mort que nous avons peur, mais plutôt de la vie.

---

[13] Arnaud Desjardins, *L'Audace de vivre* (Paris : La Table Ronde, 2005)

C'est à cette époque que j'ai commencé une formation de professeur de yoga et choisi le thème de la mort pour mon mémoire. J'y développais l'idée que le deuil que je vivais m'avait incité à embrasser la vie, à m'autoriser enfin à vivre grand.

L'appel du large sonna encore plus fort en 2015 lors de ma séparation avec le père de mes enfants. Celle-ci s'est imposée à moi avec une violence sourde qui m'a frappée de stupeur. Bien que ressentie comme une déflagration interne, elle était aussi ma chance de quitter enfin le monde pseudo sécurisant de la cellule familiale. Je réaliserais plus tard combien ce changement imposé a pu m'être salutaire.

Peu reconnaissante à l'égard de ce que m'offrait la vie, j'étais bloquée dans une insatisfaction chronique qui rejaillissait sur mon couple. Cette insatisfaction était liée au fait que je choisissais de rester une petite fille en demandant à l'autre de guérir les blessures de mon enfance. Combien d'entre nous croient au concept de sa moitié à l'âge adulte ? Victimes du modèle romantique du couple largement véhiculé dans notre société, nous nous leurrons en donnant à l'autre les clés de notre bien-être. Un couple ainsi construit est voué à l'échec.

Je poursuivais ma route en faisant cavalier seul, trop immature pour construire un couple solidaire et trop soucieuse de conserver ma liberté. Pourtant, malgré mes désirs de m'émanciper, j'avais concédé à mon conjoint un grand pouvoir, puisque je dépendais financièrement de lui. Il me manquait la docilité qui aurait permis de croire au couple parfait. Or, une soif d'advenir bouillonnait en moi depuis le départ de ma sœur. Parallèlement à l'effondrement de mon couple se dessinait alors la perspective d'une nouvelle forme d'existence, fantasme dont je tirais une certaine satisfaction, à l'idée de tenir les rênes de ma vie et d'écrire ma propre trace.

L'Univers nous propose des épreuves venant contrecarrer nos plans et nous nous acharnons à résister contre par peur de l'inconnu, sans comprendre que les changements douloureux portent en eux l'opportunité d'un véritable trésor. La fin de la dépendance sonnait mais l'enfant en moi se sentait profondément bousculé et rejeté, quittant 20 ans de repères construits sur une vie de couple. La petite fille perdue et insécure refaisait surface et appelait au secours ; mais pour la première fois, le choix de la consoler moi-même, de la materner, commençait à s'imposer. Je prenais conscience que l'indépendance dont je rêvais pouvait en réalité être gagnée en allant puiser en moi mes propres ressources, si longtemps ignorées. Pourquoi attendre des autres les bienfaits que nous sommes en mesure de nous apporter ?

Pourtant, dans un premier temps, il y eut une phase de repli où je restais plongée dans la tristesse et la peur. Je me sentais à nouveau indigne du chemin spirituel, j'étais pétrie de culpabilité. Pour des raisons financières, j'enchaînais les cours de yoga pour assurer mes revenus Ne prenant pas soin de moi, je me sentais plus que jamais morcelée car en contradiction avec ce que j'étais censée enseigner. Ma négativité avait regagné du terrain.

En 2019, l'arrivée de la maladie a constitué un point de bascule. Cette nouvelle étape allait enfin me convaincre de prendre désormais en charge la petite fille dont les émotions n'avaient pas été accueillies avec la douceur qu'elles méritaient. Reconnaître notre souffrance, l'exprimer sans tomber dans la victimisation, se laisser traverser le temps qu'il faut par ces émotions déstabilisantes, est une étape souvent négligée, raccourcie.

La maladie cherche à nous guérir ; on dit qu'elle est la santé qui se cherche. Son diagnostic a été pour moi la confirmation que ma manière de fonctionner était nocive et qu'un changement profond était indispensable à ma survie. Un diagnostic sans surprise car je savais que les différents pans de mon être n'étaient pas en cohérence. En réalité, je me blâmais. Perdre la santé allait me donner l'occasion d'une réconciliation avec moi-même.

Une sorte de délivrance a ainsi commencé à opérer. Curieusement, de nouveaux espaces, immenses, ont émergé. Avec le sentiment que, plutôt que me restreindre ou être un handicap, elle me permettait de me soustraire, de m'évader. « Oser vivre, c'est oser mourir à chaque instant, mais c'est également oser naître, franchir de grandes étapes » (A. Desjardins). J'avais immédiatement accepté la maladie et avec elle, progressivement, le besoin d'apprivoiser la menace de la mort. L'idée de ma propre mort m'accompagne désormais au quotidien, elle éclaire mon chemin de vie ;

l'instabilité qui caractérise ma situation actuelle me rappelle que la vie est mouvement, et que, si nous visons constamment la sécurité, l'existence fait mal.

Loin d'être subie comme une injustice, cette situation me permet de mettre en perspective le Beau. Vivre cette expérience a quelque chose d'extraordinaire. Le paradoxe, c'est que cette nouvelle composante m'aide à m'épanouir.

− **La solitude, retour au Soi**

Avec l'expérience de l'éclatement de ma cellule familiale qui m'obligeait à faire un pas de côté, il s'agissait de comprendre puis réunir les différents aspects de ma personnalité. Mon âme ne vibrait plus et la maladie me le signalait. Un temps solitaire de pause intime s'imposait, pour tenter de me déchiffrer.

Cette solitude nécessaire s'est trouvée renforcée par un sentiment d'isolement dans lequel la société enferme les malades du cancer. Puisque celui-ci cristallise toutes les peurs, on maintient dans un monde inaccessible ceux qui en sont atteints. J'ai ainsi subitement rejoint l'autre côté, appartenant désormais au camp des malades du cancer. On idéalise mon courage alors qu'il s'agit simplement pour moi d'essayer de m'adapter du mieux possible à la situation. On me renvoie l'image d'une personne forte, comme si l'on voulait restaurer ma dignité prétendument perdue.

Or, je refuse de m'identifier à toute pathologie. J'ai commencé bien sûr à m'inscrire dans une démarche de lutte, puisqu'il est communément admis qu'il faut « se battre » pour neutraliser cet envahisseur. Puis j'ai compris qu'il ne venait pas d'un quelconque châtiment divin mais qu'il s'agissait plutôt d'une information précieuse à accueillir et décoder. Le cancer ne frappe pas au hasard.

J'essaie de relativiser les croyances sur le sort que la société et les médecins me réservent, malgré un imaginaire plutôt envahissant sur le sujet. Car je me sens beaucoup plus en paix aujourd'hui que par le passé et n'envie aucunement l'existence de qui que ce soit. J'ai la chance de ne pas subir de douleurs au quotidien. Il va sans dire que si c'était le cas, cela obscurcirait fatalement ma vision sur cette expérience ; mais celle-ci est juste suffisamment inconfortable pour secouer mon fatalisme.

La solitude donne l'opportunité d'apprendre à apprécier sa propre compagnie. En réalité ma solitude devient douce lorsque je reprends conscience de faire partie d'un Tout. Plus que jamais, je ressens le besoin de renforcer mes liens avec la Nature, mon être se nourrit de sa protection bienveillante. La forêt comme refuge, qui me prend sous son aile maternelle. Elle est un temple disait Baudelaire. Oui, enfant déjà, elle m'apparaissait comme un sanctuaire, et mes plus jolis souvenirs d'enfance se trouvent dans l'émerveillement de sa magie. La Nature élève.

– Le pouvoir du moment présent

J'ai appris à consolider l'abri que constitue le moment présent. J'essaie de ne plus envisager l'avenir, principalement structuré en fonction des rendez-vous de mon agenda de soins. Me concentrant sur l'instant présent, la méditation a pris tout son sens.

Si les épisodes d'hospitalisation ont été traumatisants, j'ai constaté, dans la solitude d'une soirée d'hiver, que j'avais le pouvoir de consoler ma détresse : face à la perspective terrifiante d'être une fois encore éventrée, j'ai pu déjouer le scénario que mon mental fabriquait à partir de l'approche de cet événement. J'ai recréé, comme je le faisais enfant, un espace sans temps, dans la douce chaleur de mes draps, forte de la certitude que le futur n'existait pas, ici. Dieu seul savait ce que la suite me réservait. Je me suis alors sentie en paix, maternée. J'avais convoqué, dans mon sommeil, des animaux protecteurs qui m'offraient leur aide.

Car je sais que si je suis dans l'instant, je suis dans l'éternité. Rien ne peut m'arriver.

3) LA VOIE DE L'AUTONOMIE

Grandir, voilà à quoi j'ai été invitée ces dernières années. Pour accéder à l'autonomie, il est nécessaire de prendre conscience de ses dépendances, de questionner son cadre. Quels sont mes véritables besoins ? Le confort matériel est ainsi passé au second plan. J'avais la conviction qu'il me piégeait, m'empêchant d'être lucide sur mes priorités.

D'une part j'ai pris conscience que j'évoluais dans une société plutôt paternaliste et fondée sur le patriarcat, après avoir alimenté le modèle de dépendance financière au mari. D'autre part, le face à face avec les médecins m'a révélé le peu de pouvoir concédé au patient et leur difficulté à regarder au-delà du corps physique. Pourtant, la guérison ne peut passer que par une prise en compte globale de l'individu, dans toutes ses dimensions. Comment m'en tenir uniquement à leur stratégie d'élimination du symptôme, qui néglige d'en rechercher la signification, la symbolique ? Leur autorité, admise d'emblée, intimide souvent le patient et inhibe toute initiative de sa part. Il lui est demandé d'obéir, comme si notre corps ne nous appartenait pas.

Pour m'aider à retrouver ma souveraineté, j'ai également fait appel à la naturopathie, qui s'attache à comprendre et soigner le terrain du patient parallèlement à la prise en charge médicale de son symptôme, en respectant l'équilibre homéostatique du corps. La naturopathie m'a conduite à remettre en question toute mon éducation en matière de nutrition et d'hygiène de vie. Elle m'a permis de comprendre ma forte dépendance à des habitudes alimentaires qui ne favorisent pas la santé.

Plus que jamais, je considère qu'il est fondamental pour moi de privilégier ma liberté individuelle par rapport à ma sécurité. Rechercher la sécurité nous maintient dans une peur qui tétanise. Mais paradoxalement, je réalise combien la liberté peut aussi faire peur ; ces dernières années, j'ai fait ce constat étonnant que nous ne savons quoi en faire ! le Discours de la servitude volontaire de La Boétie souligne qu'il n'y a d'oppression que volontaire. Nous fabriquons nous même nos tyrans ; une idée difficile à accepter pour moi, car elle révèle notre démission et, par là même, notre médiocrité.

Ma réaction est épidermique dans les situations où je ressens que l'on cherche à faire pression sur moi, peut-être parce que je crains de revivre l'émotion générée par la soumission à l'autorité parentale. Ainsi, lors de la crise sanitaire, j'ai souffert de devoir me laisser dicter ma conduite sans respecter mon intime conviction. L'instinct de troupeau auquel l'homme, dans sa part animale, obéit aveuglément, permet aux élites gouvernantes d'asservir facilement le peuple. Cette période si particulière m'a dévoilé ces ressorts largement utilisés dans nos sociétés et surtout fait comprendre que nous coopérons à la fabrication de cette domination. De nombreuses questions concernant mon degré de soumission m'ont agitée. En effet, je ne pouvais pas ignorer mon immobilisme et mon obéissance à l'interdiction de circuler librement, qui remettait en cause un droit fondamental. Ce qui m'a en réalité perturbée, c'est que mon ressenti profond ne pouvait être validé ; quelque chose dans mon corps n'adhérait pas à la version officielle sur les évènements. Cette dissonance entre mon ressenti et ce que j'entendais m'a conduite à analyser personnellement la situation, ce qui supposait de quitter la confiance dans les médias officiels dont le narratif sonnait faux. J'avais jusque-là pris pour argent comptant leur angle de vue, désormais ma quête de vérité devenait responsable, puisqu'active, et ma relecture de certains évènements de l'histoire m'a ouvert de surprenants horizons et appris beaucoup sur la marche du monde et sur mes filtres.

4) LA LIBERTÉ EST RESPONSABILITÉ

La connaissance de soi et du monde qui nous entoure passe par la capacité en tant qu'adulte à remettre sans cesse en question les croyances, dogmes et opinions les plus tenaces qui nous ont façonnés. C'est une démarche qui rend libre, dans la mesure où elle fait appel à notre intelligence, notre pouvoir personnel, et nous déconditionne. La fraîcheur du regard est un défi permanent.

Très tôt, j'ai compris que ma passivité face aux situations qui appellent action sur soi était mon plus grand défaut. Cependant, j'avais toujours tendance à me comporter comme un enfant en sollicitant les autres, alors qu'il fallait que je cherche mes propres clés en comptant moins sur une aide extérieure. Sortir du cocon demande une discipline. Vivre seule empêche de transférer sur l'autre mes problèmes. Je suis responsable de mon bonheur et ce constat me rassure.

Actuellement, l'industrie du bonheur en plein essor conduit de nombreuses personnes à suivre les consignes du développement personnel. Parfois nous manquons d'esprit critique à l'égard de ces guides, fantasmés comme seuls détenteurs de la Vérité, qui prétendent nous montrer la voie. Cette démarche quasi-spirituelle peut être confondue avec une recherche constante de satisfaction, où l'inconfort et la douleur qui accompagnent les bouleversements de notre vie sont considérés comme des échecs. Ne devrait-on pas plutôt apprendre à nager dans les étangs de nos souffrances ? Si l'importance de valoriser nos propres ressources et qualités internes est mise en avant dans les consignes du développement personnel, je regrette que ne soit pas encouragée la prise en charge de nos penchants les moins nobles. L'être humain est pétri de contradictions ; si nous sommes lumière, nous sommes également lâcheté, mensonge ! Il y a danger à devoir incarner à tout prix la meilleure version de soi-même, car cela crée un stress considérable. Tant que nous n'avons pas délogé nos sentiments et désirs les plus obscurs et que nous voulons présenter au monde une image idéalisée de nous-même, nous nous leurrons. Le danger est aussi dans la culpabilisation qui cache une forme de morale ayant imprégné les mentalités, comme le montrent les modèles présentés sur les réseaux sociaux : je suis ce que je veux bien donner à voir.

En réalité, l'être humain se présente comme s'il voulait appartenir au camp du Bien. Mais l'effort qu'il déploie à cette fin est énergivore, car derrière l'image parfaite qu'il projette se cache une attente inconsciente de reconnaissance et de gratification.

Selon moi, nous sommes aujourd'hui soumis à une vision binaire qui nous enferme dans la pensée unique, sous-tendue par une morale aux allures de politiquement correct. J'essaie à présent de me détacher de cette vision. Mais ce n'est pas facile, car il faut accepter que le regard de l'entourage change dès lors qu'on sort des sentiers battus de la pensée unique, regard qui stigmatise ceux qui s'en écartent trop.

Le besoin d'appartenance à un groupe et la difficulté à penser par soi-même se vérifie également dans la loyauté inconsciente vis-à-vis de la famille, loyauté qui nous guide malgré nous et nous joue bien des tours : toute tentative de sortir des rangs est culpabilisante. Débusquer cet automatisme est pourtant un levier puissant pour notre libération. S'affranchit-on un jour de cette fidélité ? La psychanalyste Alice Miller souligne le danger d'une éducation moralisatrice qui nous contraint à honorer nos parents et à leur pardonner alors même qu'ils ont été maltraitants. Sortir de la toute-puissance de ses parents est vital, car le corps n'a rien oublié et ne pardonne pas. Nous devons écouter ses messages qui garantissent notre intégrité. Faire face à nos traumatismes de l'enfance, enfin.

« Le corps ne ment jamais » nous dit Alice Miller. Il me rend justice. M'en tenir au corps : il est ma boussole, mon temple, il contient le monde.

A présent, je découvre ma responsabilité à honorer la Vie, cadeau inestimable dont je n'avais pas conscience. J'ai vécu trop longtemps dans cette ignorance. Laisser la Vie circuler en moi devient mon seul commandement : reconnaitre mes peurs mais en leur opposant ma foi en la vie. Un sentiment de gratitude m'anime bien souvent.

Cette responsabilité d'honorer la Vie a créé en moi comme une urgence d'être, et aujourd'hui, un bouillonnement m'agite. Cette exaltation née du constat que ma vie peut s'arrêter si facilement retarde ma sérénité. Je reste dans le faire, connaissant toutefois la puissance du non agir : voyager, rencontrer, goûter, comme si le fait de bien vivre consistait à accumuler des expériences à l'extérieur. Avoir un peu de temps, encore, pour m'émerveiller, moi jusque-là si peu reconnaissante à l'égard de mon incarnation sur terre. L'humilité de la fleur m'enseigne à devenir plus légère. Elle sait se contenter d'être.

Rejoindre le corps, toujours : la méditation se fait à travers lui. Se contenter d'être là, c'est retrouver sa place, se mettre au centre de son existence dans un endroit sécure. Ne plus avoir peur de la mort, de quitter son corps : le chemin est encore très long !

Être libre, mais dans ma singularité, car j'ai compris que la liberté n'est pas à conquérir mais à chérir, puisqu'elle est déjà en moi.

« La liberté signifie lâcher prise. Le fini est le prix de l'infini, comme la mort est le prix de l'immortalité. La maturité spirituelle réside dans la préparation à tout lâcher. L'abandon est la dernière étape. Mais le vrai abandon, c'est de réaliser qu'il n'y a rien à abandonner, car rien n'est à vous. C'est comme un sommeil profond. Tu n'abandonnes pas ton lit quand tu t'endors. Tu l'oublies ». (Nisardagatta Maharaj)

Longtemps je me suis levée engluée dans mes conditionne-ments, sous le poids de la mélancolie, sacrifiant ma part sacrée pour me conformer à une image réductrice de moi-même, fabriquée.

Oui, nous sommes tous appelés à vibrer pour peu que nous nous en donnions l'autorisation. Aujourd'hui, chaque nouveau matin est rempli de promesses, et quelque chose de très joyeux jaillit en moi.

Bien sûr, il faut aussi accueillir les doutes, la peur, et oui, je vacille parfois. Mais le Oui est toujours proche. La mélancolie a perdu du terrain.

Céline Pellet

ET SI TOUT ÉTAIT POSSIBLE ?

Titulaire d'un CFC d'employée de commerce, j'ai travaillé auprès de différentes sociétés dont une internationale où j'ai occupé un poste d'assistante de direction bilingue, français/anglais. En 2011, j'ai fait la rencontre de mon maître spirituel, ses enseignements et la méditation m'ont permis de me rapprocher de mon authenticité. La même année j'ai décidé de suivre une formation de thérapeute en massage ayurvédique. Puis en 2018, j'ai entrepris une formation de praticienne en hypnose Ericksonienne, et en 2020, je me suis ouverte au monde de l'intuition.

Durant mon temps libre, j'aime me balader en forêt pour me ressourcer, méditer. Épicurienne de nature j'aime passer du temps à table avec les gens que j'aime. Mon péché mignon ? Manger des olives noires en dégustant un bon verre de vin rouge. Curieuse de nature j'aime passer du temps à lire des ouvrages, à regarder une excellente série ou encore un bon film.

Aujourd'hui je suis salariée à temps partiel dans le secteur public, et exerce en tant que thérapeute à Nyon, en Suisse.

www.essencedesoi.ch

Instagram - essencedesoi.ch

Céline Pellet

ET SI TOUT ÉTAIT POSSIBLE ?

Le vrai bonheur ne dépend d'aucun être, d'aucun objet extérieur.
Il ne dépend que de nous…

Dalaï Lama Tenzin Gyatso

Tout d'abord j'aimerai remercier Sophie qui me permet de partager avec vous, sans en citer toutes les étapes, certains passages de ma vie qui m'ont fait prendre conscience de tout le potentiel que nous avons en tant qu'être humain mais surtout que l'espoir, l'amour et la foi sont des éléments clés pour arpenter notre chemin ici-bas.

L'union de mes parents donnera naissance à deux filles. Depuis toute petite je me suis sentie différente ; je me sentais bien avec certaines personnes et avec d'autres pas du tout. Les vibrations que je ressentais à leur contact n'étaient pas en harmonie, mais dérangeantes. Je vous parle de ça mais il faut savoir que lorsque je ressentais tout cela je devais être à peine âgée d'un an. Dès lors il était simple pour les adultes de remarquer mon mal-être selon les bras dans lesquels j'étais.

Dès l'âge de 2 ans et demi, le divorce de mes parents va bouleverser mon existence. Je vais grandir aux côtés de ma mère avec ma grande sœur. Lorsque mes parents se séparent, ma mère va s'installer près de Lausanne avec un homme et son fils. Cet homme était plutôt instable à bien des égards. Nous allons en voir de toutes les couleurs. Je m'en souviens comme si c'était hier, les événements étaient tous aussi marquants les uns que les autres. Il accueillait mon père sur le pas de la porte avec un sabre en le menaçant de le trancher s'il ne nous ramenait pas à l'heure. Ses actes de folie me nouaient le ventre, j'en pleurais. Cette violence verbale et physique m'horrifiait. Un jour, ma mère a lavé une petite planche en bois qui s'est fendue, il est devenu fou et a cassé deux belles assiettes du service de ma mère par vengeance. Bien plus tard, il nous espionna ma mère, ma sœur et moi. Il laissa des messages sur le répondeur du téléphone pour nous faire peur. Une fois il a même dégonflé les pneus de la voiture que ma tante prêtait à ma mère. Vous l'avez compris, cet individu était perturbé et sa folie tétanisait ma mère. Agir devenait une prise de risque. Par ailleurs, nous nous étions toutes attachées à son fils qui deviendra mon grand-frère de cœur pour la vie. Ma sœur et moi avons été protégées, voire sauvées, grâce à lui.

Un après-midi, en attendant notre mère pour aller faire des courses, nous jouions dans le préau. Un homme habillé en combinaison de motard est arrivé de nulle part et s'est arrêté devant ma sœur. Je me souviens encore très bien de sa tenue vestimentaire, elle était en cuir bleu et blanc avec un peu de noir. Le motard a commencé à parler à ma sœur. De loin, j'observe la scène tout en continuant mes allers-retours sur mon cheval à bascule en bois. Ce que je vois ne présage rien de bon. Soudain, une petite voix surgit à l'intérieur de moi : « Rejoins ta sœur, cet homme va lui faire du mal ! ». Sans savoir ce qui se passe je quitte mon cheval à bascule et me dirige vers elle.

Mon cœur battait à tout rompre et je tremblais de tout mon être. En arrivant près d'elle, je lui dis, sans savoir pourquoi : « Tu sais qu'on ne doit pas parler aux inconnus ! ». Mais cela n'a eu aucun effet. Le motard trouve un moyen de la manipuler et, sans perdre de temps, lui prend la main. D'un geste rapide, je saisis l'autre main de ma sœur. Il nous entraine vers l'entrée de l'immeuble. La panique monte en moi et je me mets alors à hurler de toutes mes forces … puis plus rien, le black-out. Nous nous retrouvons au sous-sol, dans les couloirs de la cave entre les abris antiatomiques. Nous étions paniquées, toutes tremblantes. D'un seul coup la porte s'ouvrit, de la pénombre surgit la lumière, dissipant peu à peu l'obscurité qui nous enveloppait. Notre grand-frère était là, il avait entendu les cris quand il s'était mis à la fenêtre de la chambre et s'était précipité pour venir à notre secours. Je lui en serai éternellement reconnaissante, car sans lui, qui sait ce que nous aurions pu endurer. Nous ne saurons jamais combien de minutes s'étaient écoulées et garderons un souvenir singulier de cet événement. Une étoile veillait sur nous, c'était une évidence.

Notre mère va prendre son courage à deux mains et quitter cet homme. La vie va nous réserver une magnifique surprise : quelques années plus tard nous retrouverons notre frère de cœur et nos chemins ne se sépareront plus.

Par la force des choses je vais devoir me responsabiliser très rapidement car ma mère doit travailler pour subvenir à nos besoins, même s'il y a une pension alimentaire versée par mon père. J'ouvre et ferme à clé la porte de la maison, je m'occupe des tâches ménagères, je cuisine et réchauffe le repas de midi pour ma sœur et moi, etc. Bref je grandis trop rapidement, ce qui a développé chez moi une hypersensibilité que j'ai dû apprendre à apprivoiser tout au long de ma vie. Pour finir, cela m'aura rendue plus forte. Même si j'avais voulu que les choses restent immuables, je n'avais pas d'autre choix que de faire face au changement que la vie m'imposait pour me faire grandir.

Ne sachant pas où loger, nous nous installons pour quelques semaines chez l'une de mes tantes maternelles. A cette époque, mon cousin, l'une de mes cousines et moi partagions la même chambre et dormions les uns à côté des autres sur deux matelas posés au sol. Tous les jours, une jeune fille veillait sur nous puisque nos mères partaient travailler. C'est à cette période que j'ai découvert les tartines recto/verso. Les petits-déjeuners sont devenus des challenges quotidiens. Comment ne pas se retrouver avec de la confiture partout ? Et voilà que la situation s'inverse… Ma mère trouve un appartement, mais quelques mois après notre emménagement, c'est ma tante qui débarque avec mon cousin et ma cousine pour repartir dès qu'elle trouvera elle-même un logement.

Vers l'âge de 12 ans, je dois quitter mes repères car notre mère se remarie et tombe rapidement enceinte d'une troisième fille. Ce changement n'est pas simple à appréhender, je trouve injuste de déménager car cela va impliquer un changement d'établissement scolaire. Cela a été un deuil de quitter mes camarades de classe, abandonner le groupe d'athlétisme auquel j'appartenais, pour me retrouver dans une petite ville inconnue. Je termine mon année scolaire en faisant les trajets en train. Cette petite ville est très différente de la « banlieue » lausannoise que je connaissais. Je me sens mal, la solitude me pèse tout au long des vacances d'été. Ma puberté est difficile ; je ne me sens pas bien dans ce corps qui change et je commence à me révolter contre tout et rien. Mon père est absent. Ma sœur et moi étant diamétralement opposées, nous ne partageons pas beaucoup de temps ensemble et nous nous crêpions souvent le chignon. Nous sommes comme chien et chat, rien de semblable. Heureusement que nos rapports ont évolués avec les années !

Vous vous demandez peut-être où était mon père pendant tout ce temps. La réponse est simple : il luttait contre ses propres démons, ce qui m'a laissé peu de temps avec lui. Nous nous sommes perdus de vue durant la majeure partie de mon enfance et adolescence. Mes souvenirs avec lui restaient ceux passés chez ma grand-mère paternelle à la campagne, entourée de ma cousine, mon cousin, mon oncle et ma tante adorés.

La rentrée scolaire, que je redoutais, m'oblige à tout reconstruire en partant de zéro. Je dois travailler dur pour réussir. Au fond de moi, je sais qu'un jour je ferai le travail de mes rêves, je dois réussir coûte que coûte, rien ni personne ne pourra m'en empêcher.

Ce changement d'école me permet de rencontrer celle qui est devenue ma meilleure amie. Finalement, il n'y avait pas que du mauvais dans ce déménagement. Nous passions du temps ensemble, à discuter en fumant. Nous étions liées comme les deux doigts de la main et toutes deux révoltées chacune à sa manière. Son écoute m'a été d'un grand réconfort, contrairement à la mienne qui ne l'a pas aidée. Sa présence à mes côtés n'allait pas durer.

Ma petite sœur est née lorsque j'avais 14 ans. Ce petit bout de chou a été le rayon de soleil de mon adolescence tumultueuse. Je m'en suis occupée avec tendresse ; elle adorait venir sur mes genoux et goûter aux choses que j'avais dans mon assiette, comme si elles étaient meilleures !

En 1999, ma meilleure amie n'allait pas bien du tout et avait déjà fait deux tentatives de suicide. Lorsque j'en parlais pour demander de l'aide, les gens croyaient que c'était moi qui avais des problèmes. Cette incompréhension m'a laissée encore plus seule face à sa souffrance croissante. Au printemps, elle met fin à ses jours, et le monde s'effondre autour de moi. J'avais l'impression de vivre un cauchemar. Sa disparition me laisse anéantie même si ce n'était pas la première fois que je perdais quelqu'un que j'aimais.

Quelques années plus tôt en effet, mon parrain était décédé après un combat contre le cancer. Je me souviens avoir prié un soir dans mon lit pour qu'il obtienne une rémission. Une rémission qu'il vivra pendant un peu plus de trois ans pour le bonheur de ma fée marraine. Je garde un souvenir merveilleux de mon parrain. Je suis reconnaissante d'avoir pu profiter encore quelques années de son amour. Ma marraine et lui m'ont transmis de magnifiques valeurs humaines que je chéris encore aujourd'hui.

La disparition de mon amie me fait perdre pied ; je me sens perdue et je ne sais pas comment accepter le vide laissé par sa mort. Je vais souvent chez ma grand-mère paternelle et passe du temps avec ma tante et mon oncle. Je me raccroche à la lecture, fume beaucoup, puis j'explore diverses médecines alternatives pour m'aider à avancer et à faire face à ce deuil. A cette époque je suivais des études en apprentissage dans le domaine du commerce mais j'ai vite pris conscience que mon employeur ne me fournissait pas les ressources nécessaires pour mener à bien ma formation. Heureusement, après de nombreuses discussions et avec un précieux soutien de la part de la compagne d'un ami, j'ai réussi à réorienter mon parcours.

Puis à 18 ans et demi, je décide de quitter le nid familial. Quelques mois auparavant j'avais fait la rencontre d'une jeune femme qui deviendra mon amie et me proposera de m'installer en colocation avec ses deux sœurs. Cette nouvelle étape m'apportera énormément de richesse intérieure et de stabilité. Je commençais à me sentir mieux après les deux dernières années que je venais de traverser. Malgré toutes les circonstances de la vie, mon étoile continuait de me guider.

Lors de mon apprentissage, je dois monter aux archives pour rechercher des documents, je perçois une écriture que je reconnais sur une boîte en carton. Je n'en crois pas mes yeux. J'investigue auprès de la secrétaire et elle m'explique qu'effectivement, c'était bien l'écriture de mon parrain, qu'il était leur comptable. J'en avais les larmes aux yeux, des frissons parcouraient tout mon corps, j'étais émue. Je me suis dit : « Alors comme ça tu n'as pas cessé de veiller sur moi de là-haut ? » Une force invisible me protégeait et en aucun cas je pouvais le nier, c'était une vérité.

Après la réussite de mes examens, mon parcours professionnel se poursuit. J'effectue un voyage linguistique de six mois puis je trouve un travail au sein d'un groupe français de solutions et de services de communications aux entreprises. Entre-temps, je rencontre une thérapeute spécialisée dans la lecture d'aura. Ses mots touchent directement mon cœur, mon âme, et m'aident à donner du sens aux différentes étapes de ma vie.

Au bout d'un an passé dans cette entreprise de service, je suis licenciée de manière abusive. Heureusement, après avoir bénéficié du chômage durant cinq mois, je retrouve un emploi dans une multinationale. Ces dix années m'auront permis d'évoluer professionnellement. En parallèle, je fais la connaissance de mon maître spirituel, Mila Khyèntsé Rinpoché, un enseignant du bouddhisme tibétain et du Dzogchèn. Ses enseignements et la méditation vont me rapprocher de mon authenticité. Sans le savoir, c'est un chemin de transformation, d'évolution et d'épanouissement que je vais arpenter.

Des années auparavant, mon père avait tenté de revenir dans ma vie, je l'avais rejeté, submergée par la colère. J'ai mis des années à accepter son silence et son abandon. C'est grâce à la rencontre de mon maître spirituel que j'ai commencé à me réveiller. C'est lors d'un de ses enseignements que je comprends qu'au moment de la mort nous sommes submergés par nos émotions et que l'une d'elle s'appelle regret. À cet instant, j'ai compris que je devais retrouver mon père, lui ouvrir mon cœur et accueillir ce qu'il avait à me confier. Que le résultat de cette rencontre soit positif ou non, je ne voulais pas crucifier mon propre père mais lui redonner une chance, lui pardonner, me pardonner, pour nous libérer de nos tourments respectifs et avancer chacun de manière sereine. Nos retrouvailles ont été intenses, nous avons pleuré, parlé. En définitive, j'ai compris qu'il y a toujours des explications aux conséquences de nos actes.

Après mon 30ème anniversaire j'entreprends une formation en massage ayurvédique tout en continuant à travailler pour subvenir à mes besoins. Je pars un mois en Inde et en reviens transformée, je perçois de plus en plus de chose de manière intuitive, subtile. En 2015, je trouve un poste dans la fonction publique. Mon développement personnel se poursuit avec des formations parallèles. Je n'arrête pas, je suis assoiffée de connaissance. Je ne sais toujours pas vraiment où je vais, mais j'y vais.

Une pandémie marquera le XXIème siècle, elle survient début 2020. La même année, au mois de janvier, je perds ma marraine soudainement. Une claque en pleine figure, je ne m'y attendais pas. Je sais que la vie est précieuse et fragile. Le temps me guérira, j'ai été à ses côtés du mieux que j'ai pu pour la soutenir, elle savait que je l'aimais, c'était l'essentiel. Toujours en 2020, en mars, c'est ma grand-mère paternelle qui nous quitte, ma deuxième maman. De son vivant je lui avais fait la promesse d'être à ses côtés lorsque ce moment arriverait. C'est à nouveau grâce aux enseignements spirituels de mon maître que j'ai pu veiller sur elle jusqu'à son dernier souffle et je lui en serais éternellement reconnaissante. Puis durant l'été, ma tante maternelle malade d'un cancer nous quitte. En novembre, une terrible tragédie survient, la sœur de mon meilleur ami se fait tuer dans un accident de la route et, en avril 2021, ma dernière grand-mère s'éteint.

Face à cette succession de décès autour de moi, j'aurais pu être abattue, ne plus avoir goût à la vie, mais en même temps, dans le monde entier, d'innombrables décès étaient annoncés à cause de cette satanée crise sanitaire. La perte de mes proches n'avait aucun lien avec la pandémie, mais celle-ci me montrait que mon expérience n'était pas unique. Le fait de n'avoir pas regardé mon nombril de manière égocentrique et de m'être ouverte à la souffrance d'un monde qui partait à la dérive ne pouvait que me faire aimer la vie et les êtres humains plus intensément. Accepter que tout peut changer très vite, au fond, c'est la résilience et la sagesse qui ont pris le dessus.

Après ces événements, j'ai compris que la méditation m'était devenue salvatrice pour rester dans l'instant présent. Rester dans l'ici et maintenant sans suivre les éventuelles agitations de notre mental. C'est un travail de longue haleine, cela demande de la discipline. L'appel de la méditation se fait de plus en plus grand et je ressens le besoin profond de m'isoler complètement pour pratiquer. Cela se produit au printemps 2022.

C'est au retour d'une retraite méditative individuelle, de six semaines, que je vais revivre des tensions professionnelles, qui vont tout remettre en question. Je dois m'arrêter de travailler pour apprendre à identifier les éléments qui dysfonctionnent, cela va durer quatre mois. Je vais arrêter de faire pour être, et contempler pour mieux avancer, simplement prendre le temps. Une amie thérapeute me demande pourquoi je ne mettrais pas à profit les outils que j'ai acquis avec mes formations. Je me dis : « et pourquoi pas ? » ; en plus, j'ai tellement de cordes à mon arc, autant les utiliser ! Merci du fond du cœur pour ton soutien ma chérie, je sais que tu te reconnaitras en lisant ces quelques lignes.

Petit clin d'œil de synchronicité… Au moment où j'écris ce passage, tu m'envoies un message sur mon téléphone portable. Nous sommes clairement reliés au tout, à l'univers, le divin pour certains.

Je passe du temps à « brainstormer » avec une amie, pour trouver le nom de mon cabinet ; questions, doutes, un vrai Tetris pour tout mettre en forme, trouver le logo, le design du site web, etc. En quelques mois tout prend forme. Merci à toi ma petite caille, tes compétences d'artiste m'ont permis de réaliser un rêve.

En plus de la chance d'arpenter mon chemin en étant entourée de personnes formidables, les deux plus beaux cadeaux que j'ai reçus c'est le soutien de ma famille ainsi que celui de la magie de la vie qui ne cesse de me surprendre. C'est un voyage, au Bhoutan, au printemps 2024, qui me fera toucher la profondeur de mon cœur, le vôtre, le nôtre.

Le changement est une condition intrinsèque de notre existence, tout est changement, transformation. L'accepter c'est réaliser que tout est possible, que notre cœur a des ressources insoupçonnées pour nous guider. La souffrance survient lorsque nous nous rétractons, que nous n'acceptons pas le changement. Nous ne pouvons pas, quel qu'il soit, échapper au changement. Le bonheur est entre nos mains, il ne dépend de rien d'autre. Nous sommes les bâtisseurs de nos vies et c'est à nous de savoir quel sens nous souhaitons leur donner.

Aujourd'hui je suis consciente que rien n'arrive par hasard, tout est question de synchronicité, de karma. J'ai pris conscience de mon potentiel, déployé mes ailes, mis à disposition mes acquis pour accompagner des personnes vers l'écoute de leur cœur et faire face à ce changement que l'on redoute parfois.

Robert Ischer

FAIS DE TA VIE UN RÊVE ET DE TON RÊVE UNE RÉALITÉ

Robert Ischer est un développeur immobilier suisse, fondateur de sa propre société, établie en 2018.

Avec plus de 20 ans d'expérience dans l'immobilier, il a dirigé de nombreux projets d'envergure en Suisse romande, alliant durabilité et innovation.

Son entreprise se spécialise dans le développement de projets et de quartiers majeurs et exemplaires.

Reconnu pour sa capacité à créer des espaces fonctionnels et durables, Robert s'engage activement dans la construction de bâtiments respectueux de l'environnement, en intégrant des technologies comme la géothermie et le photovoltaïque.

Robert est marié depuis vingt ans avec la mère de ses deux enfant de cinq et dix-huit ans.

https://www.linkedin.com/in/robert-ischer-immobilier

Robert Ischer

FAIS DE TA VIE UN RÊVE ET DE TON RÊVE UNE RÉALITÉ

Fais de ta vie un rêve, et d'un rêve, une réalité.

– Antoine de Saint-Exupéry

Lorsque Sophie m'a contacté pour me proposer de contribuer à cet ouvrage, j'ai accepté sans la moindre hésitation. C'était une opportunité en or pour partager mon parcours, celui de ma transformation profonde, dans l'espoir d'inspirer d'autres à faire le saut. Je savais que mon histoire, celle d'un homme qui a appris à écouter son être intérieur et à reconnaître les signes de la synchronicité, pourrait toucher ceux qui se trouvent à un tournant de leur vie. Mon but ici est de partager, à travers mon expérience, qu'il est possible de se réinventer et de transformer radicalement sa vie si l'on apprend à se faire confiance et à suivre les signes.

Il y a environ six ans, j'ai pris une décision qui allait bouleverser ma vie. Après dix ans à la tête d'une entreprise familiale de mille employés, j'ai décidé de quitter mon poste de Président-Directeur-Général pour me lancer dans une nouvelle aventure, bien plus incertaine mais infiniment plus alignée avec mes aspirations profondes. Cette décision n'a pas été facile à prendre. Elle s'accompagnait de doutes, de peurs et d'inquiétudes légitimes. Mais elle était nécessaire. Je ressentais au fond de moi que je devais tout laisser derrière moi pour me réinventer.

LE COMMENCEMENT

Revenons dix ans en arrière. À cette époque, ma carrière professionnelle semblait être le modèle parfait de la réussite. J'étais à la tête d'une entreprise en pleine expansion, gérant des projets immobiliers de grande envergure. Chaque jour, je naviguais dans des environnements à haute pression, enchaînant réunions stratégiques et négociations complexes avec des clients influents et des partenaires commerciaux exigeants. Mon agenda était surchargé, chaque minute était calculée et optimisée. Mes collègues et mes proches me considéraient comme un homme épanoui, ayant «réussi sa vie». Financièrement, j'étais à l'aise, et socialement, j'étais respecté. Pourtant, à l'intérieur, je ressentais un vide grandissant.

Ce sentiment de vide, d'insatisfaction profonde, a commencé à me hanter de plus en plus souvent. Chaque matin, en me réveillant, je sentais une petite voix qui me disait : « Ce n'est pas ça la vie que tu veux vivre ». Je ne pouvais pas l'expliquer clairement, mais je savais que, malgré toutes les apparences de succès, quelque chose n'allait pas. Je vivais une vie qui, en apparence, était enviable. Pourtant, elle ne me comblait pas. C'était comme si je marchais dans une direction qui ne correspondait pas à celle de mon âme. Le plus frustrant, c'est que je ne parvenais pas à comprendre d'où venait ce sentiment.

À cette époque, j'ai commencé à me poser des questions. Comment est-ce possible d'avoir presque tout ce qu'on désire matériellement et socialement et en même temps de ressentir un vide si profond à l'intérieur de soi ? Je n'avais pas de réponse immédiate à cette question, mais je savais que quelque chose devait changer.

Et c'est cette petite voix intérieure, celle que nous avons tous mais que nous choisissons souvent d'ignorer, qui m'a poussé à faire le premier pas vers ce changement.

Un jour, en cherchant à comprendre ce qui me manquait, je suis tombé par hasard sur un site internet parlant de l'hypnose. C'était un sujet qui, jusque-là, m'était totalement étranger. Mais quelque chose dans un article publié sur ce site a résonné en moi. Je ne saurais dire exactement ce qui m'a attiré vers cette pratique, mais mon instinct me disait que je devais l'explorer. J'ai donc décidé de m'inscrire à une formation en hypnose. Je me souviens encore de ce moment où j'ai tapé « hypnose Lausanne » dans mon navigateur internet. Je me retrouvais face à une multitude de choix : des formations en ligne, des coachs, des thérapeutes … que choisir ? Je ne savais pas. Mais quelque chose m'a poussé à m'inscrire à une formation en hypnose Ericksonienne à Morges.

Ce fut un choix purement instinctif. J'ai posé une semaine de congé pour suivre cette formation, sans vraiment savoir à quoi m'attendre. Et dès les premiers jours, j'ai senti que cette décision allait transformer ma vie.

L'IMPACT DE L'HYPNOSE

Lors de cette formation j'ai découvert l'autohypnose, un outil d'une puissance incroyable. J'ai appris à utiliser cette technique pour plonger profondément en moi-même, pour explorer mon subconscient et pour identifier les blocages mentaux et émotionnels qui m'empêchaient d'avancer. C'était comme si, pour la première fois, je me connectais à une partie de moi-même que j'avais longtemps ignorée. L'autohypnose m'a permis de réunir les morceaux éparpillés de mon identité, de comprendre pourquoi je ressentais ce vide, et, surtout, de découvrir comment le combler.

Après cette semaine de formation, je suis rentré chez moi avec une nouvelle perspective sur la vie. Mais cette formation n'était que le début d'un long voyage intérieur. Pendant les trois années qui ont suivi, j'ai continué à approfondir mes connaissances sur l'hypnose et sur d'autres pratiques de développement personnel. J'ai lu des livres sur la méditation, le yoga, la pleine conscience, et j'ai suivi d'autres formations en hypnose et en autohypnose. Je voulais comprendre ce qui se passait en moi et pourquoi je me sentais si déconnecté de ma vie.

Au fil du temps, cette quête de sens est devenue une partie intégrante de mon quotidien. Chaque jour, je consacrais du temps à explorer mon intérieur, à méditer, à pratiquer l'autohypnose. Et peu à peu, les réponses ont commencé à émerger. J'ai réalisé que la vie que je menais ne correspondait pas à mes valeurs profondes. J'avais construit une carrière et une vie sur des bases qui, au fond, ne reflétaient pas qui j'étais vraiment.

TRANSFORMER SON QUOTIDIEN, UN CHEMIN SEMÉ D'EMBÛCHES

Si je vous disais que ce processus de transformation s'est fait sans difficulté, je mentirais. En vérité, le chemin vers la transformation personnelle est parsemé d'embûches, de doutes et de remises en question. Il m'a fallu faire face à des peurs profondes et à des résistances intérieures que je n'aurais jamais imaginées.

L'un des plus grands défis a été de concilier ma vie professionnelle avec cette quête intérieure. Mon emploi du temps étant toujours aussi chargé, trouver du temps pour m'occuper de moi-même, pour méditer, pour pratiquer l'autohypnose, était un véritable défi. Mais je savais que je devais persévérer. Je savais que c'était essentiel pour mon bien-être, même si certains aspects de ma vie professionnelle en souffraient.

Il y avait aussi les regards et les jugements des autres. Mes collègues et mes amis ne comprenaient pas ce que je faisais. Pour eux, tout cela n'était qu'une lubie, une passade. Ils me voyaient comme quelqu'un qui avait tout réussi, et ils ne comprenaient pas pourquoi je ressentais le besoin de me remettre en question. Pourquoi changer quand tout va bien, n'est-ce pas ?

Au début, ces critiques m'ont beaucoup affecté. J'ai douté de moi-même. Je me suis demandé si j'étais sur la bonne voie. Mais au fil du temps, j'ai appris à ne plus prêter attention aux jugements des autres. J'ai compris que ce chemin était le mien et que, même s'il n'était pas compris par les autres, il était essentiel pour moi.

Il est important de relever que la transformation est un processus graduel. Ne vous attendez pas à tout changer du jour au lendemain. Si vous voulez changer votre vie, commencez par de petites étapes. Prenez cinq minutes par jour pour vous asseoir en silence, pour respirer profondément et pour vous reconnecter à vous-même. Peu à peu, augmentez ce temps. Ce qui commence comme une contrainte deviendra bientôt une habitude, puis un plaisir. C'est ainsi que le changement s'opère : de manière progressive, mais durable.

LES PREMIERS SIGNES DE CHANGEMENT

À mesure que j'avançais sur ce chemin de transformation, des signes ont commencé à apparaître autour de moi. Ces signes, que j'aurais autrefois ignorés ou pris pour de simples coïncidences, prenaient maintenant une signification nouvelle. C'étaient des messages de l'univers, des confirmations que j'étais sur la bonne voie.

Je me souviens d'un jour en particulier. Je donnais un discours devant plusieurs centaines de personnes. À la fin de mon intervention, j'ai improvisé et ajouté une citation du Petit Prince : « Fais de ta vie un rêve, et d'un rêve, une réalité ». Ces mots sont sortis de ma bouche spontanément, comme s'ils avaient été placés là par quelque chose de plus grand que moi. Sur le moment, je ne comprenais pas vraiment pourquoi j'avais dit cela. Mais aujourd'hui, avec du recul, je sais que c'était un signe. Un signe que quelque chose de plus profond se passait en moi.

Ce jour-là, j'ai pris conscience que je devais faire un choix. Je devais choisir entre continuer dans cette voie confortable mais insatisfaisante que je connaissais, ou oser tout quitter pour suivre mon instinct. Ce n'était pas une décision facile à prendre. Il y a eu de longues nuits d'insomnie, des discussions interminables avec moi-même, des moments de doute et de peur. Mais finalement, j'ai fait le choix de la confiance. J'ai choisi d'écouter cette petite voix intérieure qui me disait de quitter mon poste de CEO[14] pour me lancer dans l'inconnu.

LE SAUT DANS L'INCONNU

Prendre la décision de quitter un poste aussi prestigieux et confortable n'a pas été facile. Laisser derrière moi une carrière assurée, un salaire important et une position de pouvoir respectable pour plonger dans l'inconnu était effrayant. Mais quelque chose au fond de moi me disait que c'était la bonne chose à faire. Cette petite voix intérieure, celle que j'avais appris à écouter, me poussait à franchir ce pas, à ne pas laisser la peur m'empêcher d'avancer.

Le jour où j'ai annoncé ma démission, j'ai ressenti un mélange de terreur et de libération. C'était comme sauter dans le vide sans savoir où j'allais atterrir. Mais très vite, ce vide s'est rempli d'une euphorie nouvelle. Pour la première fois depuis des années, je me sentais véritablement libre. Libre de choisir ma voie, libre de créer, libre de rêver.

Les premiers jours après avoir quitté mon poste ont été étranges. Je me retrouvais face à moi-même, sans agenda surchargé, sans réunions, sans appels téléphoniques incessants. C'était un silence assourdissant, mais aussi profondément apaisant. J'avais enfin de l'espace pour réfléchir, pour redéfinir mes priorités, pour envisager ce que je voulais vraiment faire de ma vie.

---

[14] CEO : Directeur Général d'une entreprise

Bien sûr, les doutes sont revenus. La peur de l'échec s'est manifestée à plusieurs reprises. Après tout, j'avais quitté une position enviée pour me lancer dans un projet qui, à l'époque, était encore flou. Mais j'ai continué à écouter cette petite voix intérieure, celle qui m'avait guidé jusque-là, et peu à peu, les doutes ont commencé à s'estomper.

BÂTIR QUELQUE CHOSE DE NOUVEAU

Une fois que les premières inquiétudes se sont dissipées, j'ai commencé à ressentir une profonde satisfaction dans le fait de bâtir quelque chose de nouveau, de mes mains : créer mon propre bureau de développement immobilier, initier mes projets, travailler selon mes valeurs et à mon rythme, tout cela me procurait une joie que je n'avais jamais connue auparavant. Chaque petit succès, chaque contrat signé, chaque nouveau client était une victoire qui me semblait d'autant plus gratifiante qu'elle résultait de mes propres choix.

Ce processus de création m'a permis de redécouvrir des aspects de moi-même que j'avais longtemps ignorés. Dans le cadre d'une grande entreprise, il est facile de se conformer à un rôle, à une image. Mais en tant qu'entrepreneur, j'ai pu redéfinir mes priorités, me reconnecter à mes passions, et surtout, retrouver le plaisir de rêver, d'imaginer ce que je voulais vraiment pour ma vie.

LA SYNCHRONICITÉ ET LES SIGNES DE LA VIE

Tout au long de ce processus de transformation, j'ai appris à prêter attention aux signes, à ces événements que l'on pourrait facilement qualifier de « coïncidences » mais qui, pour moi, sont bien plus que cela. Ce sont des signes que l'Univers place sur notre chemin pour nous guider, pour nous montrer que nous sommes sur la bonne voie.

Par exemple, il m'est arrivé à plusieurs reprises de penser à une personne que je n'avais pas vue depuis longtemps et de la croiser peu de temps après. Ou encore, je voyais régulièrement l'heure « 11h11 » sur mon téléphone, sur mon ordinateur, sur les horloges. Ce sont des petits signes, des petits clins d'œil de l'Univers, mais ils sont importants. Ils nous rappellent que nous ne sommes pas seuls, que nous sommes soutenus dans notre cheminement.

En apprenant à écouter ces signes et à faire confiance à mes intuitions, j'ai pu prendre des décisions mieux alignées avec mes besoins profonds. Ces synchronicités m'ont permis de saisir des opportunités inattendues, d'éviter certaines erreurs, et surtout, de me sentir plus en phase avec le chemin que je parcourais.

Voici pour étayer ce qui précède trois exemples concrets de synchronicité dans ma vie ces dix-huit derniers mois :

LA PETITE TABLE EN BOIS AUX BORDURES DORÉES

Pendant plusieurs mois, j'ai travaillé dans un petit bureau partagé où je n'avais que quelques mètres carrés à ma disposition. Je me sentais coincé, incapable d'avancer, et l'espace dans lequel je travaillais contribuait à ce sentiment d'étouffement. Je songeais sérieusement à changer d'environnement, mais je n'osais pas franchir le pas.

Un jour, en pensant à une architecte que je connaissais et que je n'avais pas vue depuis longtemps, je l'ai croisée par hasard dans la rue. Nous avons convenu de nous retrouver quelques jours plus tard dans ses bureaux. Lors de notre rencontre, une petite table en bois a attiré mon attention. Je lui ai demandé où elle l'avait achetée, et elle m'a proposé de me la donner car elle allait déménager dans de nouveaux locaux !

Quelques mois plus tard, j'ai pu reprendre les bureaux de l'architecte en question, des espaces lumineux et inspirants où j'ai depuis engagé trois personnes pour contribuer à cette nouvelle étape de mon aventure. Ce changement aurait été inimaginable il y a dix-huit mois. Quelle belle synchronicité !

La petite table en bois aux bordures dorées est maintenant dans mon bureau. Les bordures dorées ont symbolisé la transformation d'un objet ordinaire en quelque chose d'extraordinaire. Elles ont été une invitation à voir au-delà de la fonctionnalité d'un objet, à apprécier les détails qui peuvent rendre singuliers des objets simples.

Ce type de synchronicité peut être interprété comme un rappel à prendre soin des détails dans la vie quotidienne, à trouver de la beauté dans l'ordinaire, et à transformer des moments simples en une invitation à quelque chose de mémorable et de précieux.

L'APPEL DE LA FORÊT

Lors d'un séjour à Barcelone j'ai été attiré par la Basilique de la Sagrada Família. Ce n'était pas juste une envie de visiter un monument touristique dans une ville étrangère, c'était une sorte d'appel intérieur. Avec le recul, je me permettrais presque de dire que la basilique m'a fait venir un week-end prolongé à Barcelone pour que je la rencontre. En entrant dans l'édifice on a l'impression de pénétrer dans une cathédrale naturelle, où la pierre semble respirer, bouger et croître comme une forêt majestueuse. Le silence qui y règne rappelle celui d'une forêt profonde. Ce silence n'est pas vide, mais chargé d'une énergie subtile, d'une présence vivante, comme dans un bois où l'on perçoit le bruissement des feuilles, le souffle du vent ou le chant des oiseaux. La lumière, omniprésente mais filtrée par les branches des colonnes qui s'entrelacent, rappelle celle qui passe à travers les feuilles des arbres, offrant à la fois une sensation de protection et d'ouverture vers le ciel. J'ai retrouvé à cet instant la magie de mon enfance. Cette expérience m'a rappelé l'importance de savoir parfois prendre le temps de se (re)connecter avec la nature et les merveilles qu'elle nous offre. A l'instant où j'écris ces lignes, je sais qu'il me faut y retourner pour que la grande et belle forêt minérale de Barcelone m'apprenne quelque chose de nouveau. Je vais de ce pas réserver mes billets pour un nouveau pèlerinage !

L'ARC-EN-CIEL

Un jour, après avoir perdu deux contrats importants, je me sentais découragé. J'avais l'impression que tout allait mal et que les efforts que j'avais investis ne portaient pas leurs fruits. Sur le chemin du retour à la maison, alors que je roulais sous une pluie battante, j'ai intérieurement demandé un signe, quelque chose qui me redonnerait espoir. À ce moment-là, en prenant la sortie d'autoroute qui me ramène chez moi, un immense arc-en-ciel aux couleurs très vives est apparu devant mon chemin. L'arc-en-ciel apparaît après le mauvais temps, ce qui le relie symboliquement à l'idée de renouveau et d'espoir. Après des moments difficiles ou chaotiques, il suggère que la lumière et la beauté peuvent encore émerger. Même après les moments les plus sombres, il y a toujours un potentiel de lumière et de renaissance. Admirer cet arc-en-ciel m'a incité à être dans le moment présent, car il disparaît en principe aussi vite qu'il apparaît. Il m'a convié à la pleine conscience, à savourer sans filtre l'instant où la beauté se manifeste. Je l'ai perçu comme une invitation à manifester ma gratitude ainsi qu'à reconnaître l'importance de prendre le temps d'apprécier les merveilles qui nous entourent, même si elles sont temporaires. C'est le cœur plein de lumière et d'espoir que je suis arrivé chez moi ce soir-là !

J'aurais une multitude d'autres exemples à vous raconter, mais j'ai choisi ces trois-là parce qu'ils se sont imposés à moi comme des exemples qui devraient être présents dans ce livre. J'espère qu'ils sont pour vous inspirants et qu'ils vous permettront d'être plus attentifs aux signes que vous rencontrez au quotidien.

ET MAINTENANT ?

Si je devais vous donner un seul conseil aujourd'hui, ce serait celui-ci : n'ayez pas peur. N'ayez pas peur d'écouter cette petite voix intérieure qui vous pousse à changer, à vous réinventer. Faites-vous confiance, et laissez-vous guider par les signes que la vie met sur votre chemin. Ces signes sont là pour vous montrer que vous êtes sur la bonne voie, même si le chemin peut sembler incertain. Oui, il y aura des obstacles, des doutes, et des moments de découragement, mais la récompense est immense. La récompense, c'est cette sensation de vivre une vie qui vous ressemble, une vie qui a du sens.

« Et maintenant voici mon secret. Il est très simple : on ne voit bien qu'avec le cœur. L'essentiel est invisible pour les yeux ».[15]

---

[15] Cette citation célèbre est tirée du livre Le Petit Prince d'Antoine de Saint-Exupéry. Elle est prononcée par le renard lorsqu'il partage un de ses enseignements essentiels avec le Petit Prince.

</br>Brigitte Bojkowszky

D'INVISIBLE À VISIBLE

Brigitte Bojkowszky est architecte visionnaire de marques et formatrice en stratégie d'entreprise, forte de plusieurs décennies d'expertise internationale dans la création d'identités de marque transformatives et percutantes. Partenaire de confiance des organisations comme des individus, elle se spécialise dans le branding holistique : redéfinir les marques d'entreprise, aligner les cultures sur les valeurs, et façonner les identités entrepreneuriales et de leadership.

Depuis ses débuts en tant qu'hôtesse de l'air jusqu'à ses rôles en leadership d'entreprise, dans le monde académique, et enfin en tant qu'entrepreneure, Brigitte apporte une richesse d'expérience et un parcours marqué par le succès. Son chemin unique nourrit sa capacité à se connecter profondément avec ses clients, les aidant à révéler leur éclat singulier et à atteindre leur plein potentiel avec confiance et clarté.

Animée par un objectif supérieur, Brigitte est passionnée par l'idée d'aider les entreprises et les individus à reconnaître et à embrasser leur propre grandeur. À travers son travail, elle inspire ses clients à aligner leurs valeurs internes avec leur expression externe, créant des marques authentiques et percutantes qui laissent une empreinte durable.

Site web BridgetBrands : https://www.bridgetbrands.com
LinkedIn : https://www.linkedin.com/in/bojkowszkyb/

Brigitte Bojkowszky

D'INVISIBLE À VISIBLE

Si l'on se met à douter qu'on peut voler,
on devient incapable de voler.

– J.M. Barrie, Peter Pan

Pendant des années, j'ai vécu dans l'ombre d'un événement traumatisant qui aurait pu me coûter la vie. J'ai été victime d'une tentative de meurtre et la peur que cet homme ne revienne pour me réduire au silence m'a forcée à me cacher – physiquement, mais aussi émotionnellement et spirituellement. Je suis devenue silencieuse, convaincue que je ne méritais pas d'être vue ou entendue, encore moins de m'épanouir. Ma lutte intérieure était incessante : une partie de moi souhaitait vivre avec audace, s'ouvrir à tout ce que la vie avait à offrir, pendant que l'autre me chuchotait que je ne valais rien, que j'étais trop - ou pas assez- pour ce monde, pas assez bien, que je n'y avais pas ma place. Pendant trente-cinq ans, cette lutte a été mon quotidien.

Aujourd'hui, je suis en train de guérir et de me reconstruire. Je suis sur le chemin qui mène de l'invisibilité à la visibilité, du déni à l'acceptation de soi. J'apprends à reconnaître mes forces, accepter mes défauts et briller dans ma singularité. J'ai appris à croire que j'avais survécu pour une raison : pour avoir un impact et laisser le monde un peu meilleur qu'à mon arrivée sur terre. J'ai la conviction que nous avons tous une mission dans la vie, une raison d'être qui nous appelle à l'instant de notre naissance. Le défi est d'en prendre conscience – souvent, la route est loin d'être facile.

MON PARCOURS SINGULIER : DES CIEUX À LA SALLE DE CLASSE

Quand je réfléchis à mon parcours – hôtesse de l'air puis étudiante, employée dans une entreprise, enseignante et enfin auto-entrepreneure – je vois un parcours qui est tout sauf traditionnel. Chaque virage, chaque emploi et chaque moment d'incertitude a façonné la personne que je suis aujourd'hui. J'ai avancé à la lumière de mon intuition, elle m'a fait progresser même quand la route était semée d'embûches. Les épisodes de mon histoire – chacune des expériences et des difficultés – ont peaufiné mon caractère et affiné mes compétences et m'ont aidée à découvrir ma véritable raison d'être.

Mon parcours a commencé à 36 000 pieds au-dessus du sol, comme cheffe de cabine. J'y ai acquis des compétences de leadership et une connaissance de diverses cultures. Je me suis épanouie dans le ciel. J'ai maîtrisé l'art de créer des expériences hors pair et j'ai appris la valeur réelle du détail et la primauté du client. C'est là, dans les nuages, qu'est née ma passion pour l'excellence de la marque. De Bangkok à Sydney, puis à Cancun, dans les Caraïbes, à Los Angeles et à Miami, j'ai vécu une vie pleine de rencontres culturelles aussi riches les unes que les autres, qui m'ont fait voir le monde comme un espace coloré où tout est connecté. J'ai adopté d'autres façons de vivre et d'autres comportements, les intégrant à mon identité personnelle. Mais ces expériences m'ont aussi distancée du milieu autrichien traditionnel où j'ai mes racines, me donnant l'impression d'être une étrangère.

Aussi glamour que soient la vie dans des grands hôtels et les voyages à travers le monde, j'ai ressenti le besoin de plus de stimulation intellectuelle. Je savais que mes jours dans le ciel étaient comptés ; nos contrats arrivaient automatiquement à terme à l'âge de 36 ans, et je me trouvais donc à un carrefour. La décision de quitter cette vie d'aventures a été l'une des transitions les plus difficiles de ma vie, mais aussi l'une des plus nécessaires. Comme je n'avais pas eu l'opportunité de suivre des études quand je travaillais dans les airs, j'ai choisi de faire des études supérieures – un master en « Business Education and International Marketing Management ». La transition d'hôtesse de l'air à étudiante m'intimidait. Je doutais de moi, me demandant si j'étais assez intelligente pour réussir aux examens. J'ai même eu une professeure qui, me jugeant seulement au vu de mes cheveux blonds et de mon passé d'hôtesse de l'air, doutait de mon potentiel et était convaincue que je n'y arriverais pas. Mais j'étais déterminée à lui prouver qu'elle se trompait – et je l'ai fait.

Mon but était de revenir au secteur de l'aviation et de grimper dans la hiérarchie. Cette vision m'a aidée à traverser quatre ans et demi d'études difficiles, dont plusieurs semestres à l'étranger – à UCLA aux États-Unis et à l'Université Nanyang à Singapour – et un stage de trois mois en Inde. Vivre des économies amassées pendant que j'étais hôtesse de l'air était un défi mais mon ambition me portait. Une dure réalité m'attendait cependant après l'obtention de mon diplôme : le secteur du transport aérien était en crise et mon rêve de revenir à l'aviation n'était plus possible. Obligée de changer de cap, je me tournais vers le secteur privé et acceptais des postes dans diverses entreprises mais je n'arrivais pas à me défaire du sentiment qu'il me manquait quelque chose.

Et puis je suis tombée sur une publicité dans un journal pour un poste d'assistante d'enseignement et de recherche à la Vienna University of Economics and Business (WU-Vienna). J'étais attirée comme par un phare. Ils m'ont choisie parmi cent candidats et cette opportunité est devenue un moment charnière pour la suite de ma vie. Elle m'a permis de faire un doctorat en « International Marketing Management », de consolider la place de la formation et de l'apprentissage continus dans ma vie. Mon parcours universitaire m'a de nouveau emmenée à l'autre bout du monde, à l'UMSL au Missouri cette fois. J'y ai enseigné la gestion internationale comme professeure invitée pendant une année universitaire avant de revenir en Autriche continuer ma carrière en entreprise.

J'ai fini par rechercher des postes dans le secteur de la promotion immobilière. Mais la vie ne cesse d'inventer. La crise financière de 2008 est arrivée et je me suis rapidement retrouvée sans travail. Ce revers est devenu un point critique, me forçant à réévaluer mon parcours. C'est à ce moment-là que j'ai compris l'importance de cultiver sa marque personnelle – la conscience de son identité, indépendamment de toute entreprise ou validation externe. J'y ai vu une occasion de me redéfinir, plutôt que de me lamenter sur mon sort. J'ai investi mon temps dans l'obtention d'une certification comme formatrice en leadership, me concentrant sur l'acquisition de compétences qui, en plus de renforcer mon autonomie, me permettraient aussi de coacher d'autres personnes.

AFFRONTER LE CONFLIT INTERNE

Alors que je songeais aux prochaines étapes de mon évolution professionnelle, le doyen des études internationales à WU-Vienna m'a proposé d'élargir mon rôle d'enseignante pour qu'il devienne plus qu'une activité annexe. Sautant sur l'occasion, je me suis lancée à temps complet dans la vie universitaire, combinant mon expérience en entreprise et l'enseignement. Cette nouvelle voie m'a permis d'allier compréhension du monde réel et rigueur académique, de renforcer ma crédibilité et de nourrir ma passion pour aider les autres à se réaliser. J'ai enseigné dans plusieurs universités en Autriche et ai accepté des affectations à l'étranger, entre autres au Canada, en Russie, en Chine et au Vietnam. Chacune de ces expériences a élargi mon horizon. Pourtant, derrière les réussites professionnelles, un conflit interne familier couvait.

Malgré mon expertise, je me sentais limitée et muselée par des traditions universitaires qui émoussaient ma créativité et réprimaient mon expression. J'avais construit une vie autour d'attentes qui ne laissaient aucune place à mon aspiration profonde à être ma propre patronne. Je m'étais faite toute petite et m'étais changée pour correspondre à un rôle qui n'était pas vraiment fait pour moi. La dissonance entre qui j'étais et qui je souhaitais être faisait écho au traumatisme de toute mon existence, ce sentiment d'indignité, ce combat interne qui m'assombrissait depuis que j'étais petite. Enfant, je me faisais constamment dire que je n'étais « pas assez bien » et on m'apprenait à me taire et à ne pas me faire remarquer, un discours qui m'empêchait de m'épanouir.

Et c'est ce que j'ai fait. J'ai fait taire mes rêves et mes ambitions et je me suis convaincue que je ne méritais pas de me distinguer. Pourtant, mon désir de libération était constant. J'avais toujours rêvé de m'aventurer toute seule, de devenir ma propre patronne et d'accompagner des organisations diverses – de grosses entreprises mais aussi des startups – en apportant un regard extérieur pour tenter de déclencher des changements et de les pousser à l'action. Je rêvais de travailler avec des leaders, des équipes et des individus, les piliers qui soutenaient ces sociétés, et de les aider à atteindre leur plein potentiel.

Pourtant, ma lutte interne perdurait. L'université avait été claire : ils n'avaient pas de plan de carrière à me proposer. Dans mon rôle de professeure associée à l'Université de Vienne, j'étais confinée par un système qui bridait le développement de carrière et ne laissait aucune place à la progression. Cela allait à l'encontre de ma conviction qu'il faut toujours évoluer et se développer personnellement. Je me sentais piégée par un plafond que je ne pouvais pas briser.

Le jour est venu où j'ai pris conscience que la zone de confort à laquelle je me cramponnais n'était plus confortable depuis longtemps. Mon quotidien manquait de joie, la sorte de joie qui rend la vie légère et passionnante. Le bonheur inconditionnel n'est-il pas l'une des quêtes les plus vitales de notre existence ? J'ai compris que la stabilité est une illusion ; la seule constante est le changement.

Forte de cette prise de conscience, j'ai décidé de sauter dans l'inconnu et de poursuivre enfin ma vision de toujours : devenir ma propre patronne.

LE CHEMIN VERS L'ENTREPRENEURIAT : S'OUVRIR À LA VISIBILITÉ

Me défaisant du carcan de mon identité d'universitaire, je me suis résolument lancée dans l'entrepreneuriat. Ce changement fut libérateur. Pour la première fois depuis des années, je me sentis réellement vivante, en accord avec ma raison d'être et débarrassée des attentes qui me limitaient dans le passé. Je ne vivais plus une vie dictée par autrui ; je vivais enfin comme je l'entendais.

Le choix de devenir auto-entrepreneure a été tout sauf facile. J'ai essuyé refus après refus, les compagnies ne semblant pas me voir, et j'ai vécu des années d'incertitude qui en auraient fait abandonner plus d'un. Mais ma vocation était plus forte que mes doutes. Mes parents, bien qu'inquiets, m'ont soutenue parce qu'ils comprenaient que ma passion était une chose dont ni eux ni personne ne pouvait me détourner. Aller de l'avant était la seule option ; je devais continuer d'essayer, parce que je ne pouvais plus faire marche arrière.

Quand j'ai fait la transition, tout a changé, tant dans ma vie professionnelle que dans ma vie personnelle. Je me suis éloignée de beaucoup de gens – les amis qui étaient plutôt des connaissances et ceux qui me prenaient mon énergie au lieu de m'en donner. L'amitié, pour moi, c'est se faire confiance, s'encourager mutuellement et trouver de la joie même dans les moments difficiles. Je me suis éloignée de proches qui n'étaient plus en phase avec la personne que j'étais en train de devenir. J'ai accepté la solitude pendant quelques années, ce qui m'a permis de me reconnecter avec celle que j'étais vraiment, et je me suis entourée de gens qui apportaient un souffle positif dans ma vie. Cette période d'introspection m'a rendue réceptive. J'ai ainsi commencé à cultiver de nouvelles amitiés avec des gens qui enrichissaient mon existence de perspectives précieuses.

Ces changements m'ont poussée vers un autre niveau. Ils m'ont apporté la clarté d'esprit dont j'avais besoin pour m'élever, faire un bond en avant et intégrer de nouvelles idées dans mon cheminement. Ma vision est devenue plus claire, mes objectifs mieux définis, et j'ai trouvé la force de les poursuivre au plus haut niveau.

Quand je regarde mon parcours singulier – une trajectoire tout sauf linéaire – j'y vois maintenant comme les pièces d'un puzzle qui sont enfin connectées. Chaque étape, chaque revers et chaque pas en avant a contribué à l'ensemble. Mes expériences diverses, d'hôtesse de l'air à auto-entrepreneure, en passant par étudiante, employée de grande compagnie et professeure associée, ont fait de moi une créatrice d'identités et d'expériences exceptionnelles, me préparant pour ce moment.

LEÇONS APPRISES EN CHEMIN

Chaque étape de mon parcours valait le temps, la patience et la place que je lui ai accordée et m'a aidée à jeter les fondations des chapitres suivants de ma vie. Je suis maintenant déterminée à servir et à créer pour le bien commun, dans mon rôle de leader qui voit l'excellence des autres et les aide à la voir eux-mêmes.

1.   Faites confiance à votre intuition et prenez régulièrement le temps de réfléchir

Votre intuition est plus qu'un sentiment passager, c'est votre boussole intérieure qui vous guide dans les complexités de la vie, en particulier quand le chemin devant vous n'est pas clair. L'introspection régulière est essentielle pour vous permettre de vous reconnecter à vos valeurs et de recalibrer vos choix. En écoutant votre voix intérieure et en créant des moments d'immobilité, vous honorez votre vrai moi. C'est dans ces moments d'introspection que vous y voyez clair, que vous prenez du recul et que vous rassemblez le courage de suivre la voie qui est la vôtre.

2.   Restez fidèles à vos valeurs fondamentales

Vos valeurs fondamentales sont les principes qui vous définissent, les ancres qui vous empêchent de dériver quand la vie vous parait agitée. Elles vous guident lorsque vous rencontrez des choix difficiles à faire et des pressions extérieures, assurant l'intégrité et l'authenticité de vos actions. Dans un monde qui pousse constamment à la conformité, rester fidèle à vos valeurs vous permet de mieux vivre une vie qui est honnête, gratifiante et réellement faite pour vous. Ces valeurs sont les fondements de votre stabilité, elles vous guident en silence pendant que vous construisez la vie qui vous convient.

3.   Ne laissez pas l'opinion des autres vous ébranler

L'opinion des autres en dit souvent plus long sur eux que sur vous. Quand des gens essaient de minimiser votre valeur personnelle, c'est souvent le reflet de leurs propres peurs, insécurités et espoirs déçus. Ils voient parfois dans votre courage, votre résilience et votre authenticité le reflet de ce qui leur manque. Ne laissez donc pas leurs paroles vous accabler. Souvenez-vous que ce ne sont pas leurs opinions qui vous définissent mais votre opinion personnelle de vous-même. Soyez donc ferme dans votre vérité et laissez votre force intérieure vous protéger contre la négativité d'autrui.

4.   En étant invisible, vous ne rendez service à personne

Nous avons tous nos dons, nos talents et nos perspectives, ils sont tous faits pour être partagés. Quand vous cachez votre lumière, vous privez le monde de contributions que personne d'autre ne peut apporter et d'un impact que personne d'autre ne peut avoir. Vous avez quelque chose de spécial à offrir, que ce soit vos idées, votre voix expressive ou votre capacité à inspirer les autres. En choisissant de rester invisible, vous n'inspirez pas et n'élevez pas les gens comme vous pourriez le faire. Avancez-vous avec confiance dans votre lumière parce que le monde a plus besoin que jamais de votre présence, votre histoire et votre impact.

5.   Faites le tri dans les conseils que vous recevez

Tous les conseils ne sont pas égaux. Beaucoup de gens vous donneront leur avis mais tout le monde ne comprendra pas les méandres de votre cheminement ou les défis que vous rencontrez. Demandez conseil aux personnes qui ont pris une voie similaire ou qui comprennent réellement vos aspirations. Les avis non sollicités de personnes qui ne connaissent pas bien votre cheminement peuvent vous induire en erreur et vous nuire. Faites avant tout confiance à votre sagesse et entourez-vous de mentors et de conseillers qui partagent vos valeurs et votre vision des choses.

6. Ne pensez pas en termes d'échecs mais d'étapes de votre parcours

La réussite n'est pas linéaire, c'est un processus de développement, de découverte et de résilience. Chaque revers, chaque détour et chaque « échec » fait tout simplement partie de notre parcours personnel. Votre situation actuelle n'est pas une mesure de votre valeur ou de votre potentiel, mais une étape dans votre évolution. Appropriez-vous votre parcours en sachant que chaque défi relevé est porteur de leçons à retenir pour la prochaine phase de votre vie. Vous n'êtes pas en retard, vous êtes exactement là où vous devez être pour devenir la personne que vous êtes vraiment.

7. Osez rêver en GRAND

Les rêves sont les graines de notre avenir et leurs seules limites sont celles que nous nous imposons. Ne laissez pas les doutes de votre entourage ou les peurs qui vous habitent rétrécir votre vision. Ayez les rêves les plus audacieux et grandioses que vous pouvez oser et agissez de façon délibérée pour les réaliser. Le monde a besoin de vos rêves audacieux, de votre vision téméraire et de votre courage de tenter l'impossible. Souvenez-vous, le seul véritable obstacle est de croire que vous ne pouvez pas ; le reste, c'est juste des difficultés à surmonter.

8.   Reconnaissez votre VALEUR

Vous méritez naturellement la réussite, le respect et la joie que la vie a à offrir. Votre valeur ne dépend pas d'une validation extérieure ou de l'approbation d'autrui; elle réside en vous. Quand vous reconnaissez votre valeur, vous déterminez la façon dont on peut vous traiter. Ne vous contentez de rien de moins que ce qui correspond à votre valeur, que ce soit dans votre carrière, vos relations ou tout autre domaine de votre vie. Entourez-vous de gens qui reconnaissent votre valeur, exaltent votre esprit et reconnaissent votre parcours.

9.   Valorisez le parcours, pas seulement la destination

Atteindre la destination finale n'est pas tout ce qui compte dans la vie ; les expériences, les étapes de croissance et les leçons apprises en chemin sont tout aussi importantes. Reconnaissez la valeur des hauts et des bas, des réussites et des revers, car ils façonnent tous la personne que vous êtes en train de devenir. Chaque moment est une occasion d'apprendre, d'évoluer et d'approfondir votre compréhension de vous-mêmes. Le parcours est riche de sens lui aussi et c'est dans le devenir que nous découvrons notre moi véritable. Célébrez chacun de vos pas en avant car il fait partie de la superbe fresque de votre vie.

10. Vivez joyeusement – car que vaut la vie sans joie ?

Ce sont les moments de joie qui font pétiller la vie. Ce sont les expériences précieuses, inoubliables, qui ajoutent de la richesse à nos journées – que nous les passions dans la solitude, avec des amis chers ou même avec des inconnus qui, le temps d'un instant, changent le cours de notre vie. Parfois, c'est la magie inattendue d'un moment ordinaire qui devient extraordinaire. La joie n'a pas besoin d'être grande ; on peut la trouver dans de petites choses simples de notre vie qui illuminent nos cœurs. Valorisez ces moments car ce sont les véritables trésors de la vie, petits rappels de ce pourquoi nous nous battons, nous persévérons et nous aimons.

Je n'ai pas trouvé ma raison d'être du jour au lendemain. Pendant des années, j'ai dû désapprendre de vieilles croyances, écouter mon intuition et oser être visible. Mais cela valait la peine. Je vis maintenant ma vérité, non parce que c'est facile mais parce que c'est ma vérité. Et je suis ici pour vous dire que, vous aussi, vous pouvez le faire.

FAÇONNER VOTRE IDENTITÉ VÉRITABLE

Le personal branding commence par un état d'esprit.

— Brigitte Bojkowszky

Quand les gens pensent au « branding », ils l'associent souvent à des sociétés, des produits ou des services. Mais le branding ne concerne pas juste les logos d'entreprise et les slogans accrocheurs, il s'applique aussi à nous, à des personnes. Le « personal branding », c'est la façon dont nous nous présentons au monde. C'est l'identité que nous projetons, les perceptions que nous façonnons dans l'esprit des gens avec notre apparence, nos attitudes, nos comportements et nos actions.

Que nous en ayons conscience ou non, la vérité est que nous communiquons toujours notre image de marque personnelle. Et si nous ne le faisons pas de manière intentionnelle, d'autres le feront pour nous. Pourquoi laisser les autres nous définir ? Pourquoi donner le pouvoir de façonner notre identité à quelqu'un qui ne nous connaît pas vraiment ? Avec le « personal branding », l'idée n'est pas de nous construire une façade mais de nous donner l'autorisation d'être résolument authentique. Il s'agit d'embrasser qui nous sommes et de vivre en alignement avec nous-mêmes, avec humilité et confiance.

ACCUEILLIR L'AVENIR À BRAS OUVERTS : VIVRE MA VISION

Tout au long de mon chemin, je suis guidée par une vision claire – mon étoile polaire. C'est plus que des objectifs, c'est la volonté de vivre une vie qui est en alignement avec mes valeurs fondamentales, une vie qui reflète qui je suis réellement. Parmi mes nombreuses aspirations, deux arrivent en tête de ma liste de souhaits ; l'une est professionnelle, l'autre, personnelle.

Sur le plan personnel, sur la liste des choses que je veux faire avant de mourir, il y a une expérience qui symbolise la liberté : le saut en parachute. Sauter d'un avion, sentir le souffle du vent et me laisser gagner par l'excitation de la chute, c'est bien plus qu'une poussée d'adrénaline. Pour moi, c'est une métaphore du lâcher-prise, de la confiance face au risque et de l'acceptation totale de l'inconnu. C'est une manifestation physique de mon cheminement pour devenir visible, pour vivre avec audace et sans peur.

Professionnellement, j'aspire à construire une marque centrée sur le souci de donner aux autres les moyens de trouver leur voie d'expression, de s'approprier leur histoire et de s'épanouir comme ils l'entendent. Ma vision inclut l'organisation de retraites de branding dans des spas et des hôtels de luxe à l'écart du monde – des endroits représentatifs de mon attachement à la qualité et à l'excellence. Ces retraites combineront mes passions pour les voyages, l'enseignement et la création de communautés significatives, trois facettes de mon chemin de vie à ce jour. Mon but, avec ces retraites, est d'inspirer d'autres gens à accéder à leur plein potentiel, à être vus et entendus sans craindre de rayonner.

DERNIÈRES OBSERVATIONS

J'ai appris à faire confiance à mon intuition, à m'ouvrir au changement et, surtout, à définir la réussite selon mes propres termes. Mon histoire témoigne du pouvoir de la résilience, de l'adaptabilité et du courage de suivre son propre chemin. Je suis déterminée à constamment grandir parce que c'est la seule façon d'honorer la personne que je suis en train de devenir. Et, en chemin, j'ai appris que la marque la plus importante que je construirai jamais est celle qui vient du plus profond de moi-même.

Le chemin vers la visibilité continue de se dessiner. Ce n'est pas atteindre la destination finale qui compte, c'est toujours présenter son moi authentique. Chaque jour, je m'efforce d'être ouverte à mon histoire, de reconnaître ma valeur et de vivre une vie qui est en accord avec qui je suis. J'espère que mon histoire vous inspirera à faire pareil.

Guillaume Collignon

ÉCOUTEZ VOTRE CŒUR

Curieux de nouveautés, de nouvelles expériences et de nouvelles sensations, j'aime expérimenter de nombreux sports que l'on qualifie parfois d'extrêmes, et conduire ou piloter tous les moyens de transport qui s'offrent à moi.

Grâce à tout cela, je me suis fait peur (souvent), je me suis fait mal (quelques fois) mais je me suis fait plaisir (à chaque fois), et surtout, je me suis senti vivant.

Sortir de sa zone de confort peut être intimidant, stressant, apeurant mais cela peut nous ouvrir à tellement de nouvelles possibilités, de nouveaux horizons et de nouvelles compétences qui nous libèrent du cocon que l'on se crée puis que l'on s'impose.

Il serait dommage de passer à côté d'une passion ignorée, d'une activité enrichissante à cause de barrières que l'on érige nous-même.

On dit que d'affronter ses peurs est la définition du courage ; je ne suis pas forcément d'accord. En effet, on ne sait jamais d'avance ce qui va se passer, alors pourquoi être défaitiste d'avance ? pourquoi ne pas se lancer dans l'inconnu ? et surtout, pourquoi avoir peur de l'inconnu ?

Voilà ma philosophie — avant de s'interdire quelque chose, il faut l'avoir expérimentée.

Guillaume Collignon

ÉCOUTEZ VOTRE CŒUR

La vérité est dans la simplicité.

– Attribué à Isaac Newton

J'ai toujours eu beaucoup de mal à parler de moi, je n'aime pas me mettre dans la lumière, je préfère la discrétion, l'anonymat. Si quelqu'un ne se souvient pas de m'avoir croisé, c'est parfait pour moi. Je vais quand même essayer de partager avec vous ma modeste expérience, mes changements d'orientation professionnelle au gré des hasards de la vie.

Je ne sais pas si j'ai régulièrement manqué de clairvoyance mais le fait est que je n'ai jamais anticipé les événements qui ont décidé de ces choix, ils ont toujours été le résultat d'une réaction à un changement de situation. Je vais donc tenter de vous raconter mes pérégrinations professionnelles dans des milieux aux antipodes les uns des autres.

Après de nombreuses hésitations quant à mon orientation scolaire, entre comptabilité, vente et gestion, j'ai fini par me diriger vers des études de tourisme. Je me voyais déjà parcourir le monde, multiplier les expériences et avoir une vie passionnante.

En 1997, j'intègre une agence de voyages à Annecy, spécialisée dans les voyages d'affaires. Malgré quelques voyages « éducatifs », mon quotidien se passe dans un « open space », les yeux rivés sur mon ordinateur et le téléphone soudé à mon oreille. Alors que je pensais parcourir le monde en intégrant une agence de voyages, mon métier s'avère sédentaire. Heureusement que je suis plutôt bien entouré par des collègues agréables, ce qui égaille mes journées de travail, car ce métier est à mon goût de plus en plus ennuyeux, avec une pression qui ne cesse de croître d'années en années.

Les attentats de 2001 et leur impact sur le trafic aérien, dans un premier temps, puis le développement des sites Internet de réservation pour les voyageurs, dans un deuxième temps, ont commencé à rendre mon métier obsolète. Les agences ferment les unes après les autres et celle où je travaille fait partie de la liste. Je me vois proposer un poste à responsabilités dans une autre agence, dans le nord de la France. J'ai vu le film Bienvenue chez les Ch'tis, je l'ai grandement apprécié mais on va s'arrêter là. Pas question pour moi d'aller dans le Nord, je vais essayer de trouver un autre métier.

Au mois de janvier 2009, quelques jours après mon départ de l'agence, alors que je réfléchissais à ma reconversion, je vois passer une ambulance allant à fond de train, sirène hurlante et feux bleus flashant dans tous les sens. Je me dis que ça doit être « cool » d'être ambulancier et de pouvoir faire ça.

Après diverses recherches, j'en sais un peu plus sur ce métier qui me paraît fascinant. J'ai de plus en plus envie de tenter l'expérience, de me lancer dans cette nouvelle activité professionnelle.

Début juin, je commence une formation afin de décrocher le diplôme d'État d'ambulancier. Elle durera six mois, entre les cours et les stages. Des moments de doutes ont alterné avec des expériences des plus exaltantes. Mon inexpérience m'a permis d'apprendre sans mettre en doute cet enseignement. Je me surprends à aimer apprendre, dommage que ce n'ait pas été le cas lors de ma scolarité universitaire.

Novembre 2009 : Ça y est, je suis ambulancier diplômé d'État. Après 12 années passées à l'intérieur d'un bureau, devant un ordinateur, je vais enfin être en extérieur, vivre des émotions, des sensations, avoir ma dose quotidienne d'adrénaline. En un mot : je vais m'éclater !

Novembre 2021 : Ça y est, je me suis éclaté pour de vrai … en bas d'une rampe d'escaliers, de la hauteur d'un étage, et ça fait mal, ce qui veut dire que je suis toujours en vie. Je tente de me relever péniblement, ma main droite est en sang, un doigt bien ouvert. Il y a une déchirure à mon pantalon au niveau de la jambe droite, elle aussi bien imbibée de sang. Et surtout, je ne peux plus poser mon pied gauche, une douleur intense qui ne laisse présager rien de bon.

Mais ça n'est pas le moment de se lamenter, j'ai une patiente à transporter à son rendez-vous médical, je confie la conduite de l'ambulance à mon collègue.

Arrivé à l'hôpital, je me sers du brancard comme d'un déambulateur. Je peux ainsi terminer ma mission correctement avant de rentrer à l'entreprise pour récupérer mes affaires et ma voiture, puis de me rendre aux urgences pour mon propre compte. J'ai beaucoup de mal à utiliser l'embrayage mais je tiens à rester autonome donc je serre les dents.

Après une entrevue avec un urgentiste en qui j'ai une entière confiance, j'ai hérité de quatre points de suture au doigt, d'autant à ma jambe et d'une fracture du pied, avec en prime un arrêt de travail, le tout premier de ma vie.

REPOS OBLIGATOIRE

Voilà dix jours que je ne travaille plus. Je vais passer une radio de contrôle. Malgré la douleur persistante, je suis plein d'espoir. Aller courir me manque, faire du vélo me manque, la montagne me manque, rester bloqué chez moi m'insupporte.

Malheureusement, le verdict est sans appel, on constate un arrachement osseux qui avait échappé à l'équipe des urgences. Mon médecin prolonge mon arrêt d'un mois, dans un premier temps.

J'ai un mauvais pressentiment pour la suite de mon activité professionnelle, et ce qui est pire, pour mes activités sportives préférées.

Le mois suivant, une nouvelle radio de contrôle enfonce le clou. Il n'y a aucune consolidation de ma fracture, et pire encore, le petit bout d'os arraché bouge et vient régulièrement toucher un nerf ce qui explique les pics de douleur que je ressens parfois.

L'HEURE EST VENUE D'OUVRIR UN NOUVEAU CHAPITRE

« Il va falloir reconsidérer votre avenir professionnel » : le médecin conseil de la sécurité sociale partage le même constat que mon médecin traitant. Cela fait maintenant plus de trois mois que je suis en arrêt, cette méchante fracture ne veut toujours pas se ressouder et il semblerait que cela soit définitif.

Mais que faire ? Je ne peux plus avoir un métier « physique », je ne veux plus retourner travailler dans un bureau et j'aimerai bien pouvoir profiter de mes connaissances en matière de secourisme.

Au cours d'un repas de famille, j'apprends que l'un de mes cousins s'est reconverti il y a quelques années dans la formation en secourisme. Pourquoi pas profiter de son expérience ?

Dès le lendemain, je prends contact avec lui et ce qu'il dit me donne beaucoup d'espoir. Mon profil semble correspondre à cette activité. Le côté technique ne me fait pas peur ; en revanche, c'est une autre histoire pour la partie pédagogique.

Quelques semaines plus tard, les cours de formateur en sécurité ont commencé. Techniquement, je suis à l'aise. Pour le volet pédagogique c'est un peu plus compliqué, mais l'apprentissage va bon train. Ceci dit, j'avais oublié de prendre en compte la maîtrise indispensable de l'outil informatique et là, c'est super compliqué. Heureusement je suis bien entouré, ce qui me permettra de présenter les épreuves avec succès.

N'étant pas très sûr de moi et de cette reconversion, j'ai repris mon travail d'ambulancier à mi-temps et sans motivation ; je ne me sens plus à ma place, ce qui est très perturbant et très angoissant.

JE ME LANCE DANS L'INCONNU

Un an plus tard, le temps de me décider à quitter mon emploi et de me lancer dans l'inconnu, me voilà à mon compte.

N'étant pas le premier dans ma nouvelle activité de formateur en secourisme, les premières missions n'arrivent que deux mois plus tard.

Après une grande appréhension le week-end précédant ma première intervention, je me retrouve devant des personnes venant d'horizons divers et totalement novices en matière de secourisme. La pression monte d'un cran car j'ai peur de ne pouvoir répondre à leurs attentes et ainsi, de les décevoir. Mais je réalise très vite que j'ai en face de moi un public attentif et bienveillant. Finalement, la première expérience s'est bien passée, et j'ai pris un immense plaisir à partager mon expérience et à transmettre mes connaissances. Ce fut une vraie révélation.

Les sessions suivantes vont conforter mon choix, même s'il est parfois plus compliqué d'obtenir l'attention de certains, quels que soient leurs âges, leurs métiers et leurs responsabilités. Mais, dès que j'aborde le module réanimation cardio-pulmonaire, je capte la concentration de chacun et la cohésion du groupe se concrétise.

Je n'ai jamais pensé que mon métier était extraordinaire. Quand mes amis me questionnent sur ce que j'ai vécu pendant que j'étais ambulancier, certains ouvrent grands leurs yeux en entendant la variété de ce que j'ai dû faire : réaliser des massages cardiaques, établir un bilan médical pour que l'équipe puisse préparer l'accueil adéquat à l'hôpital, rassurer la famille sur l'état inquiétant de la personne malade, calmer une personne hystérique, solliciter les forces de l'ordre en cas de menace, et même connaître l'intense expérience d'effectuer un accouchement. Ce métier d'ambulancier m'a fait côtoyer autant la mort que la vie, en passant par toutes les nuances des urgences. Si tenté que mon parcours comprenne une forme de logique, certains, ils se reconnaîtront, parleraient plutôt de synchronicité. Alors oui, il y a eu une part de synchronicité qui m'a permis d'enrichir mon métier suivant de formateur en premiers secours, avec mes connaissances et expériences passées.

Pourquoi ai-je attendu aussi longtemps pour effectuer un métier qui n'empiète pas sur ma vie personnelle et qui m'apporte autant de satisfaction ? La sécurité et la facilité d'un emploi stable ne sont pas la garantie d'un accomplissement personnel.

Cette reconversion a été une libération et un accomplissement et je conseille à chacun de ne pas hésiter à franchir le cap si votre profession ne vous apporte aucune joie.

La vie est trop courte, faites-vous plaisir !

Claire-Lise Botteron

LA MAGIE DE L'INSTANT PRÉSENT

Passionnée par les mouvements, les synchronicités, les propositions de la vie, Claire-Lise danse avec celle-ci avec une vision ouverte au renouveau.

« Espace Mouvements de vie » c'est le nom qu'elle a choisi pour son lieu de soins. De nature kinesthésique elle a toujours donné une grande importance au corps en mouvements. C'est par ce biais de pratiques corporelles qu'elle a débuté sa phase de développement personnel. C'est également ce plaisir d'être dans le toucher qui l'on conduite à pratiquer le massage. Elle s'est formée à différentes technique manuelles et énergétiques et propose de soins ajustés au besoin de chacun.

Sa vision est de créer un lieu de soutient et d'échange en lien avec les aspirations aux changements et aux transformations de chacun.

Dans *Métamorphoses Inspirées,* Claire-Lise partage son émerveillement face aux diverses formes de réponses que la vie place sur notre chemin, donnant au lecteur confiance et ouverture face à celle-ci.

Rejoignez Claire-Lise dans ses aventures où seul le mouvement ouvre un chemin.

Facebook : Claire-Lise Botteron
Page : Espace Mouvements de vie

Claire-Lise Botteron

LA MAGIE DE L'INSTANT PRÉSENT

Si vous pensez que l'aventure est dangereuse,
essayez la routine, elle est mortelle.

– Paulo Coelho

Être dans le moment présent, dans la joie, la gratitude, l'enthousiasme, l'émerveillement « comme le cœur léger d'un enfant » me donne une vibration qui attire le meilleur pour moi à ce moment et comble mes besoins.

A quinze ans, je commence un apprentissage de confiseuse-pâtissière. Avec l'aide de mon père, j'avais trouvé une place dans la jolie petite ville de Vevey qui est à plus de cent kilomètres de chez moi. A cette époque il n'y avait pas assez de postes d'apprentissage dédiés aux formations en alternance et aucune proposition n'était disponible dans ma région.

Gros changement, j'ai dû prendre une chambre loin de ma famille et de mes amis, et entrer dans une vie professionnelle entourée principalement d'hommes. La journée commençait tôt le matin et les weekends étaient les plus grosses journées.

J'avais de la facilité pour ce métier qui me plaisait, mais l'ambiance de travail était juste horrible avec un patron nerveux qui criait et pestait à longueur de journée. Étant de caractère calme et sensible, cette atmosphère ne me convenait pas du tout. J'allais travailler avec la peur au ventre et l'envie de tomber malade pour que tout ça s'arrête. Mes parents ont compris qu'il se passait quelque chose d'anormal, ils sont venus me chercher et ont fait le nécessaire pour que je n'y retourne plus.

De retour à la maison il me fallait trouver une nouvelle place, car j'étais au début de ma deuxième année et l'apprentissage dure trois ans. Nous étions amis avec le boulanger de notre village. En lui posant la question de savoir s'il connaissait une confiserie qui recherchait un apprenti, il nous a donné le nom d'un commerçant confiseur de la région. Nous sommes passés le voir, il n'avait pas de disponibilité … mais peut-être que son beau-frère qui a également une confiserie à Lausanne ? … Et oui !

Pour moi c'était parfait, car la confiserie était dans le même canton que mon précédent poste d'apprentie. Du coup je pouvais continuer la partie théorique dans la même école. Après une semaine de battement entre les deux postes, j'ai poursuivi ma formation dans une meilleure ambiance et avec succès puisque j'ai terminé seconde de ma volée.

Forte de ce succès, j'ai trouvé un emploi dans une confiserie qui me permettait de me rapprocher de ma famille et de ma région. J'ai alors passé mon permis de conduire, pris un petit appartement et me voilà entrée dans ma vie d'adulte.

Ici encore les horaires sont pénibles. Le matin on commence entre quatre et six heures, le soir on termine quand le travail est fini, et les week-ends sont tous pris. De surcroît, l'ambiance de travail est mauvaise. Toutefois, j'aimais ce que je faisais, alors je prenais sur moi. Mais il faut bien admettre que c'est compliqué de vivre « sa jeunesse » dans ces conditions. Je devenais de plus en plus stressée par l'atmosphère générale qui régnait dans la confiserie.

Un matin en allant travailler, j'ai eu un gros accident de voiture. Un véhicule est rentré dans ma portière, la place du conducteur n'existait plus, mais par miracle j'étais toujours en vie. Une commotion cérébrale, une fracture du bassin, un tassement de la colonne vertébrale et des hématomes partout, il m'a fallu quatre mois pour me rétablir. J'ai célébré mes vingt ans durant ce temps de pause, à vrai dire je ne les ai pas vraiment fêtés mais j'étais reconnaissante d'être toujours là.

Consciente de la valeur de ma vie, je n'avais plus envie de travailler dans de pareilles conditions. Pas envie de reprendre mon travail, ni de retourner dans cet environnement. Je désirais changer d'orientation et regardais s'il n'y avait pas un autre métier qui pourrait me correspondre et une formation pour m'y préparer.

Le métier d'ergothérapeute m'intéressait mais j'ai vite compris en allant à une séance d'information qu'il fallait, là encore, trois années de formation. Cela ne me convenait pas. Je ne me sentais pas la force de reprendre des études, de me replonger dans la précarité que j'avais connue durant mon apprentissage de confiseuse-pâtissière. De plus, mes parents n'avaient ni les moyens, ni la volonté de me soutenir.

Pourtant, l'envie de changement était bien là. Un jour, en lisant le journal, je vois une annonce « recherche de confiseur » dans une usine de chocolat située dans la région. Je décide de tenter ma chance. Cette usine emploie des cadres principalement pour gérer les installations et les ouvriers qui y travaillent, surveiller la qualité de la production et confectionner des fourrages de pralinés. Les horaires sont beaucoup plus agréables, on sait à quelle heure on commence et quand on finit, et les week-ends ne sont pas des jours ouvrés. Bien-sûr, le travail proposé est très répétitif et ne laisse aucune place au travail créatif auquel j'étais habituée.

La personne qui mène l'entretien ne comprend pas qu'avec de si bons résultats d'examen et en aimant ce métier de confiseur, je postule pour un poste en usine. Il craint que je ne m'ennuie très vite. Lui faisant part de ma détermination de changer d'orientation, il semble comprendre puisqu'il m'engage.

Je commence le jour de mes vingt et un ans. Je suis la première femme confiseuse de cette entreprise. Avec mon nouveau chef, nous faisons le tour des diverses installations que comporte le secteur confiserie. Il me présente aux personnes croisées sur notre chemin et me laisse entre les bonnes mains d'un collègue confiseur. Celui-ci m'emmène au travers de tunnels et d'ascenseurs improbables à la petite fête organisée pour les vingt ans de services d'un employé.

Bien que très sympathique, cet événement m'a marquée. Je voyais toute ma vie passée se dérouler pendant que lui travaillait ici à faire toujours la même chose. Ma petite enfance à Nods, le déménagement au Landeron, ma scolarité, mon apprentissage, le début de ma vie d'adulte et lui, durant tout ce temps-là, il était toujours dans cette usine à transporter des palettes d'un endroit à un autre. A cet instant, j'ai réalisé que je n'avais pas du tout envie de faire le même travail toute ma vie !!!

Je me suis vraiment épanouie dans cette activité. J'avais des responsabilités, on me faisait confiance, je me régalais de cette ambiance multiculturelle et des spécialités culinaires des collègues qu'on partageait pendant les pauses.

J'aimais ces grosses machines d'où coulait le chocolat, j'étais sûre que chacune avait sa personnalité et devenait une entité à part entière entourée des ouvriers aux différentes étapes de fabrication. Mon caractère joyeux et solaire me permettait d'entrer en contact et d'être appréciée par chacun. Mon rôle de responsable était de prendre soin de ma ligne de production, c'est-à-dire des machines et surtout des personnes qui y travaillaient, en étant à l'écoute de chacune. En tout cas, c'est la réponse que j'ai trouvée en repensant à ces éléments en me demandant plus tard comment j'avais fait, à vingt-et-un ans, pour me faire respecter des différentes équipes de travail dont les membres avaient facilement le double de mon âge.

L'usine de productions avait un management que l'on qualifierait aujourd'hui de paternaliste. Pour ma part j'aimais faire partie de cette grande famille et même de ce village vu que nous étions plus de 500 collaborateurs. Il y avait beaucoup de rires autour des installations et j'étais fascinée de voir comment on pouvait parler de recettes de poulet une matinée entière.

Une année après mon entrée à ce poste, la fabrique a été rachetée par une entreprise allemande. Restructuration, avantages sociaux revus à la baisse et moral du personnel en berne. Puis, moins d'une année plus tard, la fabrique a été de nouveau vendue, cette fois-ci à une entreprise américaine. Bonjour les standards de production, et au revoir la qualité. L'ambiance avait bien changé et je ne m'y retrouvais plus. J'avais des valeurs bien différentes et ça me mettait en colère que mes collègues moi n'étions pas respectés.

Partie en vacances, quelle surprise à mon retour : mon chef m'annonce que je suis temporairement affectée au secteur Recherche et Développement (R&D) pour aider à mettre au point une nouvelle barre chocolatée.

Place rêvée : horaires libres, travail intéressant, ambiance relax et sympathique. Plusieurs collègues sont là depuis vingt, trente ans, voire plus. Ça semble le job parfait pour de longues années.

M'appréciant, mon supérieur demande à la production mon transfert définitif.

Après quelques années passées dans cette entreprise et bien trop jeune pour m'y projeter jusqu'à la retraite, j'ai commencé à me demander ce que je pouvais faire d'autre. Plusieurs recherches, plusieurs idées, mais rien de bien concret pour me décider vraiment à faire le pas et quitter ce bel emploi.

Un jour, j'ai pensé « crêperie », quelque chose de petit, de sympa, de facile à gérer seule. Cette idée m'a enthousiasmée et m'a donné l'énergie d'accomplir les différentes démarches pour avancer et passer de l'idée au projet. Maintenant il me fallait un lieu, et là, quelle surprise en regardant le journal un matin ! Une crêperie était en vente à Yverdon, une petite ville pas très loin de chez moi. Je suis allée la visiter sur-le-champ.

Étant du signe bélier, je ne me suis pas posée beaucoup de questions. Il me semblait évident que c'était là et j'ai foncé avec les démarches administratives et les exigences de la banque. J'ai aussi pris le solde de mes vacances pour suivre la formation obligatoire de gestion de restaurant.

J'ai déménagé dans un village à côté de mon futur commerce et deux mois après avoir fêté mes trente ans, j'ai débuté cette nouvelle aventure.

Quelque temps après, j'entends à la radio que l'usine ainsi que le service de R&D que je venais de quitter allaient être fermés et transférés vers d'autres centres de production en Suisse et dans d'autres pays d'Europe. Ça m'a fait froid dans le dos d'imaginer la fin de cette usine fondée il y a plus de 175 ans. La plus grande partie des employés perdaient leur emploi, et la région une partie de son identité. J'étais partie au bon moment.

J'ai déployé beaucoup d'énergie, passé beaucoup de temps et mis tout mon cœur à donner le meilleur de ma créativité à ma crêperie. La carte des crêpes et des galettes évoluait avec mes inspirations du moment et la décoration changeait au gré des rencontres avec des artistes régionaux. J'avais plaisir à pouvoir réaliser mes envies, à transformer ce qui me semblait opportun de changer et à créer un lieu qui apporte un sourire, une pause joyeuse, une possibilité de collation ou de repas sains. Chaque nouveau client était la rencontre d'une nouvelle énergie, chaque échange un jeu de miroir qui demande d'être clair, ancré. Un challenge de chaque instant.

J'étais aussi très satisfaite de pouvoir donner un salaire bien mérité aux étudiants qui y travaillaient et qui pouvaient ainsi financer en partie leurs études. L'établissement marchait de mieux en mieux, souvent plein les midis et les soirées, surtout à l'approche des week-ends.

A trente-six ans on me diagnostique un papillomavirus dans le col de l'utérus. L'infection n'étant pas très avancée, le gynécologue me propose de me brûler le col avec un mélange d'acides. C'est une intervention bénigne en ambulatoire. Ma façon de penser étant plutôt de guérir la cause de la « mal-a-dit », je refuse et lui demande de faire des contrôles tous les six mois pour surveiller l'évolution de ce virus.

Un ami me parle d'une formation de Tantra, une pratique spirituelle qui appelle à guérir tous les aspects de la sexualité pour lever certains blocages. Cette formation est onéreuse et prend beaucoup de temps, mais je me dis que si je devais avoir un cancer, ça me prendrait plus de temps et me coûterait certainement davantage. J'ai débuté ce cheminement en 2002, qui m'a ouverte à une connaissance de moi-même au niveau énergétique, spirituel, corporel, et qui m'a permis de découvrir ce qu'est une alliance alchimique entre les différents niveaux de l'être.

En parallèle, je fais mon contrôle gynécologique régulièrement. Après une année et demie, l'infection a régressé et deux ans plus tard, adieu le papillomavirus. Bien sûr, je ne peux pas être certaine que ce sont les pratiques psychocorporelles ou autres pratiques énergétiques qui m'ont guérie, mais l'important à mes yeux est le résultat.

Quand on goûte à ces pratiques de développement personnel, c'est généralement pour s'ouvrir à un nouveau chemin, une nouvelle vision. Pour ma part, ça a été le cas. En parallèle de mon commerce, j'ai suivi une formation en reiki, puis une méthode thérapeutique d'accompagnement dans les passages difficiles de la vie.

Je me suis également formée au massage intuitif.

A ce moment-là, la plus grande partie de mon temps était consacrée à ma crêperie, avec les problèmes récurrents à traiter, le rush des services ainsi que le travail répétitif. Je commençais à tourner en rond avec mes crêpes. Des allergies liées au stress ont débuté. Les douze années passées dans ce projet commençaient à me peser, j'avais envie de me donner la possibilité de réaliser autre chose.

Quelque temps plus tard, je reçois l'appel d'un homme travaillant dans une entreprise d'achat/vente de commerces. Il me dit qu'une personne était intéressée à racheter ma crêperie et avait sollicité leur intervention. Je n'étais plus très sûre, j'avais une belle équipe autour de moi et le business marchait bien. Curieuse de ce démarchage, j'accepte quand même un rendez-vous. L'acheteur potentiel est effectivement intéressé, il a la liquidité financière, aime ce lieu et désire le conserver en tant que crêperie. Il me demande de réfléchir à un prix et de lui faire une proposition.

Je n'avais pas de projet alternatif, juste l'idée de m'orienter vers un projet collectif, rien sur quoi me reposer si ce n'est l'argent de la vente pour m'assurer un temps de transition. Consciente toutefois que si je ne prenais pas ce train, le prochain ne serait probablement pas pour demain, j'ai dit oui pour la vente. J'ai réfléchi à un prix juste, lequel a été accepté. L'acheteur et l'entreprise mandatée se sont occupés de toute la paperasserie liée à la transaction et, deux mois plus tard, je donnais les clés et disais au revoir aux personnes et à ce lieu.

Il me fallait maintenant retomber sur mes pieds. Confiante que la vie allait me proposer autre chose, j'étais à l'écoute. Écouter mon cœur, mes envies. Deux désirs se sont fait entendre : partir pour améliorer mon anglais et passer quelques temps dans la communauté de Findhorn en Écosse. Sur le site Internet de cette communauté, je vois qu'ils proposent un module « anglais et vie communautaire ». Réaliser mes deux rêves en même temps ! Je m'inscris pour la prochaine formation.

Entre temps ma maman est décédée, elle n'avait que 65 ans mais était malade depuis mes plus vieux souvenirs. Plusieurs fois miraculée, je la pensais immortelle. Je suis reconnaissante d'avoir pu vivre mon deuil et de lui dire adieu en ayant du temps, sans besoin de m'organiser pour me rendre disponible.

A Findhorn toute la classe d'anglais était en transition de vie, changement professionnel, nouvelle direction, réorientation. Je n'avais pas réalisé que c'était là un lieu de transformation et d'ailleurs des résidents de la communauté ont créé un jeu de développement personnel qui porte le nom de « jeu de la transformation ». Ils aiment dire que le dieu de la communauté est le compost. Il faut savoir qu'au début de la communauté, les trois pionniers cultivaient des légumes sur un sol sableux qu'ils avaient travaillé et enrichi avec un compost confectionné par leurs soins ; ils nourrissaient également leurs plantes de présence et d'énergie. Leurs récoltes étaient magnifiques, dignes de légendes.

A mon retour, j'avais envie de vacances « intelligentes ». Une amie suisse faisant partie d'un projet de maison d'enfants en Inde, je m'y rends pour deux mois de bénévolat. Certainement pas des vacances à bien des égards. L'entraide humanitaire est quelque chose qui me questionne encore aujourd'hui.

La suite vient avec une proposition de projet pour la mise en place d'une maison de stages, fêtes et retraites diverses. J'ai pensé, « voilà mon projet collectif, la nouvelle porte que j'attendais ». Le lieu du projet est un petit château qui a été occupé par une communauté d'artistes. Durant une année, je consacre du temps à débarrasser et rénover l'intérieur de la maison pour accueillir nos hôtes.

Cette même année mon père est également décédé. Ça commençait à faire beaucoup ! Plus vraiment d'activité professionnelle sur laquelle compter, plus de maman, plus d'appartement, et maintenant plus de papa. Je me sentais comme un ballon qu'on avait lâché dans les airs, plus rien à quoi me raccrocher.

Même la mise en place de la maison de stage me semblait de plus en plus utopique. Chacun voulant vivre son propre rêve en tirant à lui une autre corde, le but commun prenait l'allure de prétexte. Me sentant prise entre deux mouvements, j'en ai parlé à une réunion. Ils ne voyaient pas ce que je voulais dire et m'ont assurée du contraire. Bien loin d'être rassurée pourtant, j'ai quitté le projet.

Pas longtemps après son lancement officiel les membres se sont opposés entre eux et ça s'est terminé devant un tribunal.

J'ai repensé alors à mes formations de massage et aux ateliers de danse que je donnais depuis des années. Je me suis dit que mon avenir professionnel était probablement dans cette direction, un projet à nouveau solitaire, en tout cas pour l'instant.

J'ai repris des formations, en particulier des modules qui allaient me permettre par la suite d'avoir un remboursement par les assurances complémentaires en médecine naturelle. Ces enseignements professionnels coûtent relativement cher et prennent beaucoup de temps car, en parallèle des cours, il y a encore un gros travail individuel à fournir. Je vivais avec très peu de moyens, mon univers se rapetissait, je suis revenue dans la peur du manque et c'est la réalité que je me créais.

Durant toute cette période j'ai fait des petits jobs pour pouvoir « joindre les deux bouts ». J'ai fait jusqu'à cinq boulots en parallèle, en comptant ma nouvelle clientèle en massages.

Après quelque temps, j'ai pu me consacrer uniquement à mon activité de thérapie par le massage. Actuellement, mes ressources financières viennent uniquement de cette activité, et je suis installée depuis dix ans au Landeron comme thérapeute en massage. Je suis reconnaissante de la fluidité de mon parcours, d'avoir eu le courage d'écouter mes besoins et ainsi m'ouvrir aux petits et grands miracles de la vie.

Aujourd'hui un nouveau virage s'amorce, toujours dans les soins thérapeutiques par le massage, mais avec une approche plus globale. Je ressens en effet l'élan d'être dans quelque chose de plus connecté, non seulement sur l'entièreté de l'être mais également dans l'alignement vibratoire avec l'évolution du tout.

Je ne sais pas si ce soin existe, j'en ai déjà quelques bribes et me réjouis de découvrir la suite.

SYNCHRONICITÉS ET OPPORTUNITÉS

Régies par les lois du système quantique, les synchronicités et opportunités font partie de cet immense réseau de créations individuelles et collectives constitué des vibrations de pensées, besoins, désirs, peurs, croyances et j'en passe ... des êtres vivants.

Beaucoup de livres ont été écrits sur ce sujet, entre autres : « *Gestion de la pensée* », « *Attirer l'abondance dans tous ses états* », « *Le pouvoir de l'intention* » et bon nombre d'ouvrages sur le coaching, thème qui a pris un essor considérable ces dernières années.

Personnellement j'avais expérimenté dans ma vie ces coïncidences, ces prières exaucées, et c'est tout naturellement que je me suis intéressée au pouvoir créateur de la pensée. J'ai lu des livres, participé à diverses formations, visionné des vidéos et surtout confectionné avec soin des demandes, mantras censés me rendre la vie plus belle, voire parfaite.

Le pouvoir de la gratitude est pour moi l'une des premières sinon la première clé qui amène l'énergie, la vibration qui nous connecte à ce réseau. La gratitude m'amène à accepter ce qui est, à ne pas me sentir victime, car la plupart du temps c'est moi qui ai créé ou désiré expérimenter, souvent inconsciemment, la situation. La gratitude m'apporte de la joie, de l'enthousiasme, de l'émerveillement.

Une magnifique synchronicité avec la gratitude que j'explorais justement s'est matérialisée sous la forme d'une pierre offerte, la « Pierre de Gratitude » d'Eileen Caddy, une des fondatrices de la communauté de Findhorn.

Quand une situation ne me convient pas, je peux déjà être reconnaissante d'en prendre conscience. Accepter cette prise de conscience va me donner l'impulsion du changement. Ce changement d'énergie va permettre au réseau d'abondance de se mettre en mouvement ou d'accélérer celui-ci.

Des synchronicités et opportunités en rapport avec ma nouvelle énergie vont se manifester sous maintes formes pour m'apporter des solutions, des réponses, une nouvelle vision et, le plus important, pour me reconnecter à mon « essence de vie ». J'ai pu observer que, lorsque je suis en vacances, dans la légèreté du moment présent, les synchronicités sont abondantes et me conduisent en toute simplicité vers le juste parfait pour moi. J'ai un souci, on me demande si l'on peut m'aider. J'ai souvent été étonnée par ces personnes juste là au bon moment.

Être dans le moment présent, dans la joie, la gratitude, l'enthousiasme, l'émerveillement « comme le cœur léger et aimant d'un enfant », me donne une vibration qui attire le meilleur pour moi à ce moment et comble mes besoins.

J'ai fait ce choix d'être dans le moment présent car pour moi c'est bien plus agréable d'être dans la joie de ce que je vis, plutôt que de me créer des besoins en m'imaginant qu'une fois ceux-ci satisfaits je serai plus heureuse.

Richard Phan

COMMENT LA SILICON VALLEY M'A TRANSFORMÉ EN ENTREPRENEUR

Richard Phan est un entrepreneur passionné par l'innovation technologique. Né à Paris de parents ayant quitté le Vietnam dans les années 1950, Richard obtient son diplôme d'ingénieur et travaille à Paris avant de déménager à Grenoble pour intégrer la société Hewlett-Packard. L'année suivante, Richard et sa famille déménagent à Santa Clara, en Californie. Pendant ces sept années dans la Silicon Valley, Richard travaille à Cupertino, Mountain View et Sunnyvale pour Hewlett-Packard, Handspring puis Palm Computing. Lors de leur retour en France en 2004, Richard et sa famille s'installent à Annecy.

Créateur d'entreprises depuis 2011, Richard est maintenant membre, administrateur élu et membre du Bureau du Réseau Entreprendre Haute-Savoie. Cette association accompagne des chefs d'entreprise pour qu'ils réussissent leur projet de création ou de reprise d'entreprise. Richard a aussi participé comme bénévole à *100.000 Entrepreneurs* (association qui a pour objet de transmettre l'esprit et l'envie d'entreprendre aux jeunes de 13 à 25 ans), et *60.000 Rebonds* (association qui accompagne vers un nouveau projet professionnel des entrepreneurs ayant liquidé leur entreprise).

Aujourd'hui Richard est installé à Lyon, en France, et continue à s'investir dans l'innovation, dans le développement de produits, la capture du CO2 et l'Intelligence artificielle.

https://linkedin.com/in/richardphan

Richard Phan

COMMENT LA SILICON VALLEY M'A TRANSFORMÉ EN ENTREPRENEUR

Les gens qui sont assez fous pour croire qu'ils vont changer le monde sont ceux qui le font.

— Steve Jobs

J'ai eu la chance de vivre et de travailler pendant sept ans au cœur de la Silicon Valley, juste à l'époque où Google et Facebook sont apparus. Arrivé pendant l'âge d'or de la naissance de l'internet, j'ai ensuite vécu la crise économique du secteur qu'on a appelé « l'éclatement de la bulle Internet ».

Cette immersion culturelle a été riche, pleine d'enseignements sur tellement de domaines. Je vais partager avec vous comment cet environnement m'a profondément changé, en m'obligeant à m'interroger et à évoluer sur ma confiance en moi et sur ma vision du *leadership*.

MA CONQUÊTE DE L'OUEST

Arrivé en Californie le mois de mes 28 ans, j'étais un pur produit de la méritocratie républicaine française. Fils de parents vietnamiens arrivés en France avec presque rien, j'ai fait des études sérieuses, appliquées. Bon en maths, étudiant boursier, poussé par ma mère (merci Maman), j'ai réussi un concours d'entrée dans une école d'ingénieurs réputée en informatique. Avant d'arriver à Santa Clara, mes premières expériences professionnelles ont eu lieu dans une PME à Paris, puis chez Hewlett-Packard à Grenoble en 1996. Dès l'année suivante, Hewlett-Packard m'a transféré dans la Silicon Valley.

1997 : Netscape, le tout premier navigateur internet grand public, est publié. Ancêtre des Edge, Chrome et Firefox d'aujourd'hui, c'est lui qui a permis à des millions de personnes de naviguer facilement sur Internet et de découvrir le concept de *liens hypertextes* pour aller d'un site à un autre. Google est né un an plus tard, en 1998 et allait rapidement détrôner tous les autres moteurs de recherche aujourd'hui oubliés : Altavista, Inktomi, Yahoo…

Dans cette effervescence comparable à une ruée vers l'or numérique, j'étais un simple ingénieur chez Hewlett-Packard, la première *start-up* de la Silicon Valley selon la légende locale, devenue depuis multinationale. Les deux fondateurs ont lancé leur entreprise dans leur garage et ont vendu leur tout premier produit à Disney, qui l'a utilisé pour la bande son de *Fantasia*. En 1997,

Hewlett-Packard était connu pour être d'abord une entreprise d'ingénieurs, faisant des produits très pointus, extrêmement fiables, pour un public d'ingénieurs. Le marketing chez Hewlett-Packard était tellement secondaire qu'on disait à l'époque que si Hewlett-Packard faisait des sushis, ils les vendraient comme ""poisson mort, cru et froid ». Hewlett-Packard était aussi très connu pour sa culture d'entreprise, avant-gardiste, humaniste, respectueuse à l'extrême de ses employés, le *HP Way*. Le licenciement, pourtant très facile aux Etats-Unis, était vu comme un dernier recours. Un employé ne donnant pas satisfaction avait toujours droit à une seconde chance. Les "licenciements boursiers" ne faisaient pas partie de cette culture d'entreprise. La mobilité interne était encouragée, et une fermeture d'activité n'était presque jamais synonyme de perte d'emploi.

Malgré cet environnement très confortable, sécurisant et rassurant pour les employés venant de l'étranger, j'ai eu envie de changer d'air. Comme tout n'est jamais parfait, la « politique » s'est développée chez Hewlett-Packard, c'est-à-dire l'art d'avancer dans sa carrière par l'apparence et les alliances personnelles, plutôt que par son talent et ses réalisations. Comme le disait un manager à l'époque, c'est comme la bière : il y a la mousse, et en dessous, la bière. Seulement chez HP, je trouvais qu'il y avait beaucoup trop de mousse, et je n'en pouvais plus.

J'ai donc rejoint en 2001 une start-up très prometteuse, Handspring. Totalement oubliée aujourd'hui, cette jeune pousse était celle qui avait eu la croissance la plus forte à l'époque. Créée en 1998 par les anciens créateurs de Palm (avez-vous connu les *Palm Pilot* ?), elle a pu lever immédiatement près de 250 millions de dollars grâce à la réputation de ses fondateurs et leur vision d'un appareil tenant dans la main et connecté sans fil… à l'époque où le Wifi est à peine apparu, et où la 2G n'était pas encore totalement déployée. Un an plus tard, leur premier produit (sans wifi ni 2G) était déjà en vente dans les magasins aux Etats-Unis et rapidement dans le monde entier. Encore un an après, en mai 2000, soit seulement deux ans après sa création, Handspring faisait son entrée au NASDAQ et levait encore près de 200 millions de dollars.

L'éclatement de la bulle Internet avait commencé en mars 2000. C'est donc l'année suivante que j'ai commencé mon parcours chez Handspring, en pleines turbulences économiques. Mon futur manager, voyant mon origine française, a insisté plusieurs fois sur le fait que mon contrat de travail était « *at will* », c'est-à-dire que l'entreprise ne prenait aucun engagement sur la pérennité de mon poste, qui pouvait donc être supprimé sans justification. Je lui ai assuré avoir bien compris ce qu'était un contrat « at will ». Mais avais-je vraiment compris ce que cela voulait dire ?

Cette expérience chez Handspring restera pour moi la plus riche professionnellement parlant. Mes collègues formaient l'équipe la plus compétente et efficace que j'ai jamais vue. La culture d'entreprise mêlait l'humanité du *HP Way* avec l'obligation de construire des compromis avec les départements voisins, sans diminuer les ambitions des projets ou de l'entreprise. Et la quantité de « mousse » était réduite au strict minimum dans notre travail quotidien. Alors que chez HP les réunions hebdomadaires avec mon manager étaient occupées à discuter de ce qu'il se passait dans l'entreprise et dans notre équipe projet, chez Handspring, nous discutions de problèmes précis concernant les fournisseurs, les produits, les clients. De quoi parlez-vous avec votre manager ? De ce qui se passe dans votre entreprise, ou de ce qui se passe avec vos partenaires, vos fournisseurs ou vos clients ?

C'est dans ce contexte que l'éclatement de la bulle Internet, phénomène d'abord boursier, a commencé à provoquer une crise économique pour les entreprises du secteur de la technologie numérique. Même si notre activité n'était pas liée directement au développement de l'Internet grand public, nos ventes ont chuté, comme celles de notre concurrent direct, Palm. N'ayant jamais atteint la profitabilité, Handspring puisait dans son trésor de guerre et celui-ci diminuait comme une peau de chagrin. Étant désormais une société cotée en bourse, Handspring devait publier ses résultats financiers tous les trimestres, ainsi qu'une prévision sur le trimestre à venir.

LE CHOC ET LA PEUR

La première vague de licenciements chez Handspring a provoqué une onde de choc énorme chez les employés. Plus de 10% de l'effectif était concerné. Même en adoptant une attitude humaine, c'est toujours une annonce brutale. L'information doit rester confidentielle le plus longtemps possible, car elle peut affecter le cours de bourse. Elle est habituellement communiquée publiquement lors de l'annonce des résultats trimestriels. Les salariés concernés sont ensuite reçus par les ressources humaines qui leur donnent un discours très codifié, car susceptible d'être utilisé par les salariés au cas où ils porteraient plainte, par exemple pour discrimination. Le préavis de licenciement est légalement de deux semaines aux Etats-Unis, mais en pratique aucun employé ne reste travailler pendant ce préavis. Ce qui signifie que la personne licenciée part dans la journée avec ses effets personnels et un chèque d'un demi-mois de salaire…

Et c'est là qu'on découvre la générosité des systèmes d'assurance-chômage européens. A l'époque, en Californie, une personne au chômage était couverte pendant un maximum de 6 mois, avec un montant d'indemnisation plafonné (environ $1600 par mois en 2001), quel que soit son salaire précédent. Dans la Silicon Valley, ce montant couvrait à peine le loyer d'un appartement modeste de deux pièces. L'assurance maladie, financée entièrement par l'employeur, devient aussi une charge pour l'ex-salarié, charge d'autant plus importante que les coûts de santé sont exorbitants outre-Atlantique. Pour une famille d'étrangers, où souvent seul un des conjoints travaille, avec un ou plusieurs enfants à charge, la question du retour d'expatriation se pose très rapidement, si on n'a pas réussi à retrouver un travail immédiatement.

Je me trouvais donc au premier rang d'une situation que je n'avais pas imaginée : salarié d'une entreprise en difficulté, avec un contrat de travail « *at will* », ma femme ne travaillant pas, deux enfants de 2 et 4 ans. Je pouvais perdre mon travail à chaque trimestre, sans aucune garantie d'en retrouver un autre, car la crise économique forçait les entreprises à licencier plutôt qu'à embaucher. Des « *horror stories* », anecdotes sans doute amplifiées mais montrant à quel point la fortune des ingénieurs de la Silicon Valley peut se retourner rapidement, commencent à circuler. On parle de familles entières dépensant leurs derniers dollars pour acheter des billets d'avion et aller loger chez leurs parents en Europe. Certaines rumeurs racontent que des Porsche achetées à crédit sont abandonnées sur le chemin de l'aéroport. Les journaux écrivent sur des ingénieurs devenus SDF à San Francisco, en quelques mois.

N'ayant pas fait partie de cette première vague de licenciements, j'avais l'impression d'avoir miraculeusement évité un boulet de canon dévastateur. C'était un avertissement. Et effectivement après un début de carrière en France sous les statuts protecteurs des CDI, et après plus de trois ans chez Hewlett-Packard qui licenciait peu et offrait des indemnités supplémentaires lors du départ, j'avais l'impression d'être à la merci du sort, avec des conséquences sévères pour notre famille si jamais cela arrivait. J'avais peur.

Je n'avais jamais eu peur ainsi. Être à la fois responsable financièrement du bien-être sa famille et en position de perdre ce confort du jour au lendemain. Que faire ?

LA CONFIANCE EN SOI

Cette peur m'a d'abord paralysé. J'ai ensuite analysé la situation de la manière la plus froide et objective possible. D'une part, en notant que, si des salariés devaient partir chaque trimestre, d'autres, en grande majorité, restaient. D'autre part, en observant que ceux qui retrouvaient du travail rapidement le faisaient grâce à leur réseau et leur réputation. Ce n'est pas un hasard si LinkedIn est apparu à peu près à cette époque (2003), car LinkedIn met en œuvre dans un logiciel les pratiques de réseautage de la Silicon Valley.

La question n'est donc pas « Que faire si je perds mon travail ? », mais « Comment faire pour ne jamais le perdre ? » Ce changement de questionnement est en réalité très profond. Au lieu d'être en position de subir un événement, on se met dans une posture active avec un objectif clair. Cela sous-entend aussi deux concepts fondamentaux : d'abord la croyance qu'on peut influer sur le cours des choses par nos actions et nos décisions, ensuite et surtout la confiance en soi, en ses compétences et en ses capacités.

La première réponse à cette nouvelle question a été de dire « Je ne ferai jamais partie d'une liste de salariés à risque d'être licenciés ». Et pour ne jamais faire partie de cette liste dangereuse, le moyen le plus efficace dans cette entreprise pragmatique et peu politique était d'être le plus performant possible dans la mission qu'on me confiait. Non seulement être le meilleur possible, mais l'être dans un domaine facilement quantifiable en dollars. Si ce que je faisais gagner à l'entreprise ou lui faisais économiser était largement supérieur à mon salaire, elle n'aurait absolument aucune raison de se séparer de moi.

J'ai donc immédiatement appliqué cette stratégie : identifier les chantiers les plus utiles pour l'équipe et l'entreprise, m'y atteler à fond et livrer des résultats incontestables et mesurables (si possible en dollars). L'autre bénéfice de cette démarche était d'améliorer ma réputation de manière notable. Ce bénéfice jouait comme une assurance en cas de perte d'emploi : avec une excellente réputation auprès de mes collègues, je retrouverais d'autant plus vite un emploi ailleurs.

Cette peur a finalement été très bénéfique pour le reste de mon parcours professionnel. En effet, en appliquant cette stratégie plutôt saine et alignée avec ma personnalité, je n'ai jamais fait partie d'une liste de salariés en danger et j'ai pu progresser au sein de cette fabuleuse start-up. J'ai réagi à cette peur en l'affrontant, en combattant les sources du risque de licenciement et en puisant dans mes propres ressources. J'avais confiance en moi, et cette confiance en moi a encore augmenté. Je n'ai plus jamais eu peur de perdre mon travail.

QU'EST-CE QUE LE LEADERSHIP ?

Une autre expérience au sein de Handspring m'a fait comprendre ce qu'on appelle le *leadership*, mot qui n'a pas de bonne traduction en Français. Pourrait-on dire « capacité à mener une équipe » ? Sur ce sujet, il est très instructif de comparer la description du poste de Chef de Projet sur le même site de recherche d'emploi, Indeed, dans sa version anglaise et dans sa version française.

Sur Indeed.com, la page « 8 qualities of an effective project manager » cite en premier «Leadership skills, Communication skills, Problem-solving skills ». Au sein du paragraphe sur le *Leadership*, on peut lire : «Being a good leader means that you can motivate your team to perform at their best throughout the project and ensure all team members have a clear understanding of what is expected of them »[16].

Sur Indeed.fr, la page « Quelles sont les qualités d'un chef de projet ? » cite en premier « Sens de l'organisation, Sens de la rigueur, Savoir déléguer » et en dernier « Sens de l'initiative ». Mais cette page ne mentionne pas les notions de motivation de l'équipe et de clarté de la communication des missions de chacun.

Cette différence culturelle est à méditer !

Ainsi Handspring, dans le contexte agité qu'on a vu précédemment, m'a nommé à un poste que je n'avais jamais occupé :

---

[16] « Être un bon leader signifie être capable de motiver son équipe à donner le meilleur d'elle-même tout au long du projet et s'assurer que tous les membres de l'équipe ont une compréhension claire de ce qui est attendu d'eux. »

Manufacturing Program Manager. La mission était de gérer le projet d'industrialisation d'un produit électronique. Le département R&D avait conçu un produit, et notre équipe d'industrialisation devait faire en sorte de pouvoir le fabriquer à des milliers d'exemplaires. Cette activité était gérée sous la forme d'un projet dont j'avais la charge.

Une étape importante d'un projet d'industrialisation est de fabriquer des prototypes sur la chaîne de fabrication qui servira à la production en série. Cela permet de confronter la conception du produit à un environnement réel de production, avec ses aléas, ses opérateurs, ses outils, et de faire évoluer la conception pour faciliter en retour la production et améliorer la qualité.

Toute l'équipe d'industrialisation s'est donc déplacée sur le site de production où nous sommes arrivés de bon matin. La dizaine de personnes de Handspring revoit avec enthousiasme l'équipe de production de notre sous-traitant. Les discussions vont bon train, l'équipe projet est éparpillée aux quatre coins de la chaîne de production.

Moi-même je suis embarqué dans une discussion à bâtons rompus avec mon homologue local.

Et presque soudainement, vers la fin de matinée, je relève la tête et je m'aperçois qu'en réalité personne n'a commencé à travailler effectivement, c'est-à-dire à démarrer des tâches concrètes qui aboutiront à la production de ces prototypes. D'abord étonné, je me demande immédiatement *Pourquoi ?*

Et la réalité me frappe en plein visage : c'est parce que moi, *Program Manager*, je n'ai pas dit à mon équipe ce que j'attendais de la journée et je n'ai pas vérifié avec eux qu'ils avaient compris ce qu'il fallait faire chacun de leur côté et aussi ensemble. Ils continuaient à discuter tranquillement parce que je ne faisais pas mon boulot de *leader* !!! En réalité, ils attendaient tous que je fasse mon boulot !

Dès que j'ai réalisé cela, j'ai convoqué mes collègues pour une réunion impromptue, tous debout devant un tableau blanc, et nous avons défini ensemble l'objectif de la journée, les étapes intermédiaires, les tâches nécessaires et leur ordre. Chacun pouvait participer, enrichir ce plan, poser des questions, mon rôle étant de créer ce moment, de donner l'objectif général de la journée, et d'arbitrer si besoin entre des priorités contradictoires.

Je l'ai déjà dit, mes collègues étaient d'une compétence rare, et il n'a pas fallu longtemps pour que ce plan soit écrit sur le tableau blanc, accepté par tous, et qu'ils se mettent immédiatement au travail.

Je me suis glissé dans ce rôle de *leader* quasi-instantanément. Il m'a procuré une satisfaction professionnelle nouvelle et immense. J'ai adoré avoir ce rôle central de guide, de décisionnaire, de meneur d'équipe. C'est une fierté d'être utile, nécessaire à ce travail en équipe, et d'être accepté comme tel par des collègues dont j'admirais l'énorme compétence technique. C'est aussi une exigence, une « pression » dirait-on en Français, de mener l'équipe dans la direction choisie et de prendre les bonnes décisions chemin faisant. Il faut souligner que le professionnalisme de mes collègues et leur bienveillance m'ont beaucoup aidé dans cet apprentissage accéléré du rôle de leader.

Confiance en soi + Leadership = ?

Ces deux moments sans doute passés inaperçus dans mon entourage même proche ont donc provoqué des changements profonds dans ma manière de penser et d'agir professionnellement.

Je suis persuadé que ma vie d'entrepreneur, qui a débuté plusieurs années après, trouve son origine précisément dans ces deux moments. Se lancer nécessite en effet d'avoir une très bonne confiance en soi, et vouloir être en position de leader. Malheureusement ce sont deux qualités qui ne sont pas mises en valeur ou même encouragées dans notre système éducatif et social. Au contraire, ces traits de caractère sont souvent décriés et critiqués comme étant de l'arrogance.

C'est finalement le fait d'être resté longtemps dans un autre environnement, celui de la Silicon Valley, qui m'a permis de vivre et de comprendre ces aspects culturels si différents de ceux que j'avais connus auparavant. Il n'est pas question de dire que telle culture est supérieure à telle autre. Il faut justement dépasser les critiques superficielles, biaisées par nos préjugés et notre culture d'origine, et vraiment comprendre la logique et les raisonnements de ceux qui parlent une autre langue. Cela ne peut que nous enrichir, et nous permettre de garder ce qu'on apprécie le plus au sein de chaque culture.

SYNCHRONICITÉ OU SÉRENDIPITÉ

Ces expériences m'ont changé, mais auraient très bien pu ne pas le faire. Comment reconnaître le potentiel de ces moments et s'y arrêter pour en apprendre sur soi, pour changer ?

Tout commence par le fait de reconnaître un état anormal. Une émotion négative inattendue, violente (dans mon cas, la peur de perdre mon travail) ; une situation inhabituelle, inattendue (personne ne travaille). Ensuite savoir prendre du recul, ne pas réagir par réflexe et commencer par se remettre en question, de manière très humble : Et si l'anomalie provenait d'abord de moi, de mes actions ou de mon absence de décision ? L'humilité n'est pas contradictoire avec la confiance en soi, au contraire. Car avoir confiance en soi ne veut pas dire croire être parfait. C'est reconnaître ses faiblesses et savoir qu'on saura puiser dans ses forces, ses compétences, pour continuer à apprendre et à construire son chemin de vie, pour devenir encore meilleur.

Allez au contact d'autres cultures, acceptez des défis, et apprenez sur les autres et sur vous-mêmes ! C'est en vivant au sein de communautés ayant une culture et une histoire différentes qu'on comprend mieux la sienne. Il n'est pas nécessaire d'aller très loin : les façons de penser et de vivre sont déjà très différentes en Allemagne, en Italie, en Suisse ou en Espagne. Cette immersion permet de remettre dans un contexte global les anecdotes isolées qu'on entend ici et qu'on a tendance à dénigrer un peu trop vite, car nous les rapportons à nos références sociale et culturelle. C'est en comprenant la logique, la culture, la façon de penser de nos voisins qu'on vivra en meilleure harmonie avec eux et qu'on réussira à construire de belles choses ensemble. Et quelques fois, des façons de penser différentes provoqueront des changements profonds dans notre façon d'être.

Jasmyne L. Langlois

MES SYNCHRONICITÉS DE VIE

Née le 4 février 1989, Jasmyne L. Langlois est une figure montante du milieu artistique québécois, combinant expertise en gestion et passion pour les arts. Dès son plus jeune âge, elle a été attirée par les arts visuels, un intérêt qui l'a menée à explorer différents domaines créatifs, tels que le dessin, la danse et la poterie.

Son parcours professionnel débute dans le domaine de la gestion, avant qu'elle ne rejoigne une grande galerie d'art au Québec, où elle a affiné ses compétences en gestion culturelle. Pendant ses études, elle a travaillé dans les assurances tout en s'impliquant activement dans des associations étudiantes, ce qui lui a permis de développer une forte capacité à jongler avec de multiples responsabilités.

Aujourd'hui propriétaire de sa propre galerie, *Espace Langlois*, située dans le Vieux-Port de Montréal, Jasmyne représente des artistes de renom, ainsi que des talents émergents. Sa galerie est devenue un espace incontournable pour les amateurs d'art, et constitue l'une de ses réalisations les plus marquantes. En parallèle, elle poursuit un certificat en histoire de l'art, renforçant ainsi sa connaissance du domaine et nourrissant ses ambitions futures.

Guidée par ses valeurs fondamentales – suivre son instinct et faire du bien autour d'elle – Jasmyne aspire à aller encore plus loin. Parmi ses objectifs, elle envisage de donner des conférences et de contribuer à redéfinir l'histoire de l'art à travers ses actions et ses projets futurs.

Le site web de la galerie : www.espacelanglois.com
Instagram de la galerie : espacelanglois
Instagram personnel : llangloisj
Facebook de la galerie : Espace Langlois

Jasmyne L. Langlois

MES SYNCHRONICITÉS DE VIE

Quand on veut une chose, tout l'Univers conspire à nous permettre de réaliser notre rêve.

— Paulo Coelho

UNE PASSION POUR L'ART DÈS LE PLUS JEUNE ÂGE

L'art a toujours été une évidence pour moi, une sorte de refuge où je pouvais me perdre et me retrouver à la fois. À l'école, chaque fois que le choix m'était donné, je me dirigeais instinctivement vers les cours d'art, qu'il s'agisse de l'histoire de l'art ou des arts plastiques. Pour moi il ne s'agissait pas d'une simple activité scolaire, c'était une passion viscérale, une manière d'explorer le monde et de me comprendre moi-même.

LE CROISEMENT DES CHEMINS

Vers l'âge de 14 ans, deux discussions avec mon père ont marqué un tournant dans ma vie. Ces discussions, solennelles et pleines de gravité, ont eu un poids que je n'oublierai jamais. La première portait sur les dangers du cannabis, un sujet sur lequel je passerai rapidement. La seconde concernait mon avenir, elle a laissé une empreinte indélébile sur mon parcours.

Mon père, avec sa sagesse teintée de pragmatisme, m'a dépeint l'image d'une carrière artistique sous un jour peu reluisant. Il ne cherchait pas à me décourager, mais plutôt à me préparer à une vie faite d'incertitudes, de sacrifices, et peut-être même de désillusions. Son conseil, que je suivis, était de garder l'art comme passion tout en étudiant quelque chose de plus « concret », qui ouvrirait plus de portes.

LE CHEMIN DU « BUSINESS »

C'est pour cette raison que j'ai choisi d'étudier le « business », une voie qui semblait plus sécurisante. Après mes études de gestion, j'ai décroché un stage dans le secteur de la restauration. Je l'avais accepté en pensant qu'il serait une porte d'entrée vers une carrière stable et épanouissante, ce qui était le cas mais je n'avais pas réfléchi aux conditions de travail. En tant que gestionnaire, j'avais la lourde tâche de superviser des employés qui, pour la plupart, travaillaient dans l'entreprise depuis son ouverture. Leur expérience aurait dû être une source d'inspiration, mais je me suis vite rendu compte que cette longévité s'accompagnait chez eux d'un cynisme difficile à gérer. Les clients, eux, pouvaient se montrer odieux, allant jusqu'à des comportements malpropres, comme cracher par terre pour conjurer le mauvais sort, par superstition.

Jour après jour, je me sentais de plus en plus étrangère à cet environnement. Je réalisais que mon avenir ne se trouvait pas là, dans ces horaires qui me contraignaient, dans ces tâches répétitives qui n'offraient aucune place à la créativité.

Grâce à ce stage, j'ai compris que je ne voulais pas de cette vie, et je ne voulais pas non plus me perdre dans un métier qui ne me ressemblait pas. J'ai compris qu'il n'y a pas que la stabilité qui est importante. Il était temps de faire un véritable retour sur moi-même, de chercher ce que je désirais réellement pour mon futur.

UNE NOUVELLE VOIE S'OUVRE

Après cette prise de conscience, je me suis donné le temps de réfléchir pour comprendre ce qui m'animait vraiment. Je voulais un travail où chaque jour aurait un goût d'aventure et qui se situerait dans un endroit où les gens viendraient par passion, non par obligation. J'avais voyagé 18 mois en Australie avant de commencer mes études universitaires, une période où je m'étais sentie plus libre et vivante que jamais. J'ai compris que cette liberté était ce que je recherchais avant tout.

Mon choix s'est naturellement porté sur le Vieux-Port de Montréal, un quartier empreint de culture, d'histoire, et de vie. Armée de ma détermination, j'ai arpenté les rues, mon CV sur moi, prête à le remettre à la main. Mais à ma grande surprise, personne ne voulait de CV papier – j'étais déjà en décalage avec le monde du travail moderne.

Alors que je déambulais sans réel but, je suis tombée sur une galerie d'art. Derrière la vitre, une œuvre m'a particulièrement interpellée : deux yeux immenses semblaient me fixer, comme pour sonder mon âme. Une sensation que quelque chose de spécial se passait ici. Poussée par cette impulsion que je ne pouvais ignorer, je suis entrée. À l'accueil, j'ai posé une question qui allait changer le cours de ma vie : « Qu'est-ce qu'il faut pour travailler ici ? ». La réponse fut directe : « Tu dois être bonne en vente. »

Je savais que je possédais cette compétence. Ce soir-là, dans mon petit appartement d'une pièce, j'ai fouillé Internet, trouvé leur offre d'emploi et j'ai postulé. Deux mois plus tard, à l'approche de mon anniversaire, j'ai reçu l'appel tant attendu : j'étais embauchée.

UN NOUVEAU COMMENCEMENT

Je n'oublierai jamais mes premiers jours dans cette galerie. Dès l'instant où j'ai franchi la porte en tant qu'employée, j'ai su que j'avais trouvé ma place. Le personnel m'a accueillie chaleureusement. J'ai rencontré des collègues qui, je ne le savais pas encore, deviendraient des amies proches, des complices de tous les jours.

Un jour, pendant ma formation, à l'heure du déjeuner, nous nous sommes retrouvées dans l'arrière-boutique. Elles me racontaient leurs parcours, leurs expériences, et quelque chose en moi s'est ouvert. Les émotions, que je tentais de contenir, m'ont submergée. Je me suis mise à pleurer, mais ce n'était pas des larmes de tristesse. C'était un soulagement profond, le sentiment intense d'avoir enfin trouvé ce que je cherchais depuis tant d'années : un endroit où je me sentais chez moi.

À LA RECHERCHE DE L'ESSENCE DE LA VIE

Après avoir trouvé ma place dans le monde de l'art, j'ai ressenti le besoin de m'évader à nouveau, de me plonger dans une aventure qui me rapprocherait encore davantage de moi-même. J'ai décidé de partir un mois en Thaïlande, un voyage sans itinéraire précis, guidé par mon instinct et mon désir de liberté.

Je n'avais réservé que pour les quatre premiers jours à Bangkok. Le reste de mon voyage, je comptais le créer au fur et à mesure, au gré des rencontres et des découvertes. Pendant deux semaines, je me suis perdue dans ce pays fascinant, loin de tout ce que je connaissais. Chaque journée était une nouvelle exploration, un pas de plus vers l'inconnu.

Puis, un jour, alors que je me promenais sans but précis, j'ai entendu une voix au loin : « Tu veux de la salade de macaroni ? » dans un accent québécois bien de chez nous. Cela faisait maintenant deux semaines que je n'avais pas rencontré de gens de mon pays. Vous imaginez la chaleur que ça a fait dans mon cœur. Intriguée, je me suis retournée et j'ai aperçu Vanessa, une "expat" que j'allais apprendre à connaître. Nous avons échangé quelques mots et elle m'a invitée à la rejoindre dans son «shop». Je suis rapidement tombée amoureuse de l'île où elle s'était installée quelques années auparavant : Koh Tao. J'y suis restée deux semaines, partageant avec elle plusieurs verres et cafés, les pieds dans l'eau cristalline et turquoise. Cette rencontre fortuite marqua le début d'une grande amitié. Vanessa et moi nous sommes retrouvées à maintes reprises à travers le monde, échangeant des réflexions profondes sur la vie, la liberté, le bonheur et la spiritualité.

UN NOUVEL AMOUR

Lorsque je suis rentrée au pays, je me sentais différente, plus en phase avec moi-même. Puis, le COVID a bouleversé nos vies, et Vanessa a décidé de vendre son commerce pour venir passer l'été à Montréal. Elle a fait sa quarantaine chez moi.

C'est dans cet atmosphère que j'ai rencontré Daniel, qui allait devenir mon compagnon. Pendant ce temps, Vanessa a rencontré un Suisse, avec qui elle est partie vivre une nouvelle aventure, dans son pays d'origine.

LA CONCRÉTISATION D'UN RÊVE

Après avoir emménagé ensemble, Daniel et moi avons vu une idée germer, presque naturellement, alors que la pandémie s'éternisait. Depuis mon plus jeune âge, j'avais ce désir profond de lancer un projet entrepreneurial, une ambition qui m'habitait comme une évidence. Au début je pensais que ce serait un restaurant, puis j'ai contemplé un café et maintenant que je travaillais dans une galerie, c'est vrai que c'était un type de commerce que j'adorais. J'en parlais souvent à Daniel, lui partageant mes rêves d'enfant.

Daniel, qui travaillait en tant qu'assistant pour Louis Boudreault, un artiste québécois jouissant d'une belle notoriété, tant locale qu'internationale, commença à évoquer le sujet avec lui. Louis, toujours prêt à encourager de nouvelles initiatives, répondit tout bonnement à Daniel que si l'idée se concrétisait il serait possible d'exposer ses œuvres sur nos murs. Je me rappelle encore, nous déjeunions et Daniel me fait part de cette discussion avec Louis. Dès qu'il prononça ces mots, que Louis acceptait que j'expose ses œuvres, une certitude m'a envahie : c'était l'opportunité que j'attendais depuis toujours. Sans la moindre hésitation, j'ai sauté sur l'occasion.

Maintenant, en regardant en arrière, je me rends compte que c'était un alignement parfait des planètes. Dès ce moment, tout s'est enchaîné. J'ai dressé un budget et   commencé à chercher un local. Deux semaines plus tard, je l'avais trouvé. Le nom, le logo, les artistes que Daniel m'aidait à contacter, tout prenait forme. Je savais exactement ce qu'il fallait : un bon éclairage, un moyen de paiement fiable, un système d'accrochage. Étonnamment, tout semblait s'aligner miraculeusement, comme si l'univers conspirait en notre faveur.

SOUTIEN EN SUISSE

Pendant ce temps, Vanessa, installée en Suisse avec son nouveau compagnon, voulait monter une entreprise, elle aussi. Elle m'a demandé de l'aider et j'ai saisi cette opportunité pour prendre du recul. J'ai quitté mon emploi de la Galerie d'art et je suis allée lui rendre visite. Ce fut une parenthèse bienfaisante, un moment pour souffler avant que tout ne démarre réellement au Québec.

UN NOUVEAU DÉPART

À mon retour, tout s'est accéléré. Daniel et moi avons officiellement lancé notre projet. Il a été d'un soutien immense, surtout durant les premiers pas de cette aventure. Grâce à mon expérience de travail et mes études en business, j'avais une vision claire des besoins de la galerie. Tout semblait s'enchaîner naturellement, comme si chaque étape de mon passé m'avait préparée pour celle-ci. Le chemin qui menait vers l'ouverture de cette galerie a été tellement facile, tellement synchronisé ! C'était un cadeau du ciel.

Bref, nous avons ouvert et la première année fut un grand succès. Aujourd'hui, Daniel ne fait plus partie de l'équipe. Les temps changent et le marché de l'art connait une période complexe. Mais cela fait partie des défis d'un entrepreneur, il faut être capable de s'adapter à toutes les situations. Cela fait maintenant trois que j'ai la galerie, dans le Vieux-Port de Montréal.

L'ART DE LA PATIENCE ET DE LA SYNCHRONICITÉ

Prendre le temps de me remémorer tout cela me fait réaliser à quel point le chemin parcouru a été riche en évolution. J'ai dû mourir et renaître je ne sais trop combien de fois pour être à la hauteur de tout ce qui m'arrivait. J'ai dû faire le deuil de ma relation avec Daniel, tout en continuant à travailler avec lui, pour ensuite vouloir la galerie rien qu'à moi. Les deuils parlons-en, j'ai dû constater et accepter toutes les limites de mon être. Réaliser qu'avoir une galerie, ce n'était pas tout à fait ce à quoi je m'attendais. J'ai dû endurer des périodes de stagnation qui me donnaient l'impression d'être installée pour une éternité, parce que je ne savais pas trop comment m'en sortir. Certains moments de solitude étaient si longs et si profonds que ça me faisait mal. Je voulais que les choses bougent et que tout arrive tout de suite. Je voulais que tout le monde connaisse la galerie. Je voulais changer l'histoire de l'art. Je mettais tellement de pression sur mes épaules que ça finissait par me paralyser et me rendre malade, proche d'un burn-out.

Trop souvent, j'oublie que la patience et la persévérance sont des clés essentielles pour surmonter tout défi, car la vie suit un ordre que nous ne comprenons pas toujours.

Les moments où il ne se passait rien ont toujours été les plus effrayants. Ces périodes de vide, d'incertitude, sont celles où le doute s'installe, où l'on remet tout en question. Pourtant, avec du recul, je comprends que ces moments de calme apparent ne sont jamais vides de sens. Ils fonctionnent comme des vagues, se retirant pour mieux revenir, laissant place à de nouveaux mouvements, de nouvelles connexions.

Ces périodes sont en réalité des moments cruciaux de mort et de renaissance pour moi. Elles sont là pour préparer le terrain, pour permettre aux choses de s'aligner avant le prochain mouvement, avant la prochaine poussée de croissance. En écrivant ces lignes, je me suis aperçue qu'elles faisaient partie intégrante du processus de transformation, où tout converge pour nous guider vers des synchronicités inattendues.

En définitive, la vie est une école de patience. Chaque moment, chaque silence, chaque doute, est en fait une occasion de laisser pousser ses racines, de laisser opérer les réalignements. Il me faut apprendre à être en paix avec ces périodes de tranquillité, à comprendre qu'elles font partie de mon chemin, qu'elles préparent chaque nouvelle étape de ma croissance intérieure, chaque moment de parfaite synchronicité.

Gyambo Nb

SUR LA ROUTE VERS UN BHOUTAN ZÉRO DÉCHET

Gyambo Nb est citoyen du petit pays du Bhoutan, où il est né et a vécu toute sa vie. Le Bhoutan est reconnu dans le monde entier pour son engagement en faveur du Bonheur National Brut (BNB).

Gyambo travaille comme guide, accompagnant des groupes à travers les magnifiques paysages de son pays. Pendant son temps libre, Gyambo est un fervent défenseur de la gestion des déchets solides. Il organise régulièrement des marches de ramassage des déchets dans les villages et la campagne bhoutanais afin de contribuer à la propreté de son pays.

Suivez Gyambo sur :

Facebook: gyambo.nb.1

LinkedIn: gyambo-nb

Gyambo Nb

SUR LA ROUTE VERS UN BHOUTAN ZÉRO DÉCHET

À Leurs Majestés le Roi Jigme Singye Wangchuck, architecte de la philosophie du Bonheur National Brut, et la Reine Jetsun Pema Wangchuck, pour qui « la préservation de notre environnement est essentielle pour notre survie et notre bonheur »

INTRODUCTION

Je viens de Nabji, un village isolé de Korphu, un regroupement de villages dans le district de Trongsa au Bhoutan. Outre sa place centrale dans l'histoire de ma vie, ce village est très important dans l'histoire du Bhoutan. D'après nos traditions, Guru Rinpoché, le « second Bouddha », est entré au Bhoutan par Nabji en 847 après Jésus-Christ, ce qui fait de ce lieu géographique un portail spirituel connectant notre riche patrimoine culturel au monde autour de nous.

Grandir dans ce lieu historique et spirituel m'a donné une compréhension particulière de l'environnement et de la responsabilité qui est la nôtre de le protéger. Mon éducation a débuté alors que j'avais juste 5 ans et me rendre jusqu'à l'école était toute une histoire. J'avais trois journées de marche pour arriver à la route la plus proche, puis deux heures en camion pour parvenir à Trongsa, la ville où se trouvait notre école. Pour me rendre jusqu'à la route, je devais souvent passer des nuits dans la forêt, dans des hameaux ou au bord de la route, ce qui a fait naître en moi un profond amour de la terre et de ce qu'elle nous offre.

Je suis allé pendant dix ans à l'école élémentaire Sherabling de Trongsa où j'ai étudié en anglais. J'ai ensuite continué mes études aux lycées Zhemgang et Jakar avant de déménager à Kalimpong, en Inde. Après mes études, je suis revenu au Bhoutan et j'ai travaillé comme vendeur dans un magasin de vidéos. J'ai fini par racheter le magasin, que j'ai tenu pendant quelques années.

En 1999, j'ai suivi une formation pour devenir guide touristique. Un nouveau chapitre de ma vie s'ouvrait.

LE RÔLE D'UN GUIDE TOURISTIQUE

Dans mon travail de guide touristique, j'ai eu le privilège d'interagir avec de nombreux visiteurs du monde entier. « Ouaou ! Votre pays est propre et beau. On respire de l'air frais ici ». C'est un commentaire que j'ai entendu très souvent et qui m'a rendu fier car il reflétait l'effort collectif des Bhoutanais pour préserver la beauté de notre pays natal.

Cependant, avec le développement du tourisme, j'ai aussi perçu une inquiétude grandissante au sujet des déchets. En effet, les touristes qui visitaient le pays s'émerveillaient souvent de la nature intacte au Bhoutan et de ses paysages à couper le souffle, mais les ordures jetées n'importe où et la quantité grandissante de déchets de tout ordre contrastaient vivement avec l'admiration qu'ils exprimaient. J'ai compris que je devais faire quelque chose de significatif pour protéger notre environnement, pas seulement pour la génération actuelle mais aussi pour les générations futures. Inspiré par l'initiative de notre reine, fixant un objectif zéro déchet à l'horizon 2030, j'ai éprouvé le besoin d'agir. Je voulais faire connaître la riche culture du Bhoutan et, en même temps, nettoyer l'environnement.

CROYANCES BOUDDHISTES ET GÉRANCE ENVIRONNEMENTALE

Bouddhiste, je crois profondément à l'interconnexion de tous les êtres vivants. Nous croyons que chaque cours d'eau, chaque rivière, chaque arbre et chaque montagne est vivant et appartient à quelqu'un — souvent une divinité locale qui le ou la protège. Quand nous négligeons notre environnement, non seulement nous manquons de respect à ces divinités mais nous compromettons aussi notre bien-être. Nous avons vu apparaître de nouvelles maladies liées à la dégradation de l'environnement et j'ai compris que j'avais pour responsabilité de faire quelque chose.

Au Bhoutan, nous voyons les déchets comme quelque chose de nuisible – pas seulement pour notre santé physique mais aussi pour notre santé spirituelle. Nous voyons également dans l'accumulation de déchets un mal qui perturbe l'harmonie de la nature. Ce système de représentation influence profondément mon approche de la protection de l'environnement. J'ai senti que ma vocation était d'éduquer mes compatriotes et les touristes sur le sujet des déchets et de la protection de notre environnement.

UNE RENCONTRE PERSONNELLE QUI A LANCÉ MA MISSION

Mon engagement pour la protection de l'environnement a véritablement débuté en 1999, quand j'ai accueilli un groupe de visiteurs canadiens à l'aéroport international de Paro. En sortant de l'avion, ils m'ont dit qu'ils avaient été secoués pendant l'atterrissage, physiquement et psychologiquement. Pourtant, à peine installés dans la voiture, leurs premières paroles furent au sujet de la beauté et de la propreté du Bhoutan. Ils étaient émerveillés par l'air pur et les paysages vierges et admiratifs de la beauté de notre environnement. Leur appréciation a provoqué une étincelle en moi – la volonté de m'assurer que le Bhoutan demeure aussi intact qu'ils le voyaient.

Un jour, pendant que je randonnais avec un groupe jusqu'au Monastère du Nid du Tigre[17], j'ai remarqué des déchets abandonnés par d'autres randonneurs – des emballages de nourriture et des bouteilles d'eau en plastique. C'était gênant de voir ces ordures dans un endroit aussi révéré. À cet instant, j'ai compris que ne pouvais pas ignorer les ordures autour de moi. J'ai ramassé les déchets et les ai mis dans mon sac à dos, résolu à faire du nettoyage chaque fois que je ferai de la randonnée. Ce petit geste de ramasser les déchets pendant mes randonnées s'est avéré être un tournant décisif dans ma vie.

RELEVER LES DÉFIS ET VAINCRE LES DOUTES

Au début, mes collègues guides m'ont taquiné, suggérant que je ne faisais ça que pour recevoir de meilleurs pourboires des visiteurs que j'accompagnais. Ils ne comprenaient pas mes motivations et riaient de mes efforts pour garder les paysages propres. Pour ne pas qu'ils me ridiculisent, je devais cacher mes activités de nettoyage et remplir discrètement mon sac pendant les randonnées.

Cependant, tout a changé le 26 juin 2019. Ce jour-là, j'ai vu notre reine et l'un des abbés en chef sur la chaîne BBS (Bhutan Broadcasting Service) alors qu'ils participaient à une campagne de nettoyage. Devant cet engagement public, je me suis fait une

---

[17] En anglais "the Tiger's Nest Monastery"

promesse : je ferai du nettoyage chaque semaine, en particulier le Samedi et lors des dates importantes pour notre pays.

Fort de cette promesse, j'ai accentué mes efforts de nettoyage avec un regain d'énergie. J'ai organisé des campagnes locales de nettoyage et rassemblé des amis et des membres de la communauté pour qu'ils se joignent à moi. Chaque samedi, nous partions dans les montagnes ou les vallées pour ramasser des ordures, déterminés à protéger notre environnement. Avec ces efforts, je voulais aussi sensibiliser mes compatriotes à l'importance de garder notre pays propre.

MES CAMPAGNES DE NETTOYAGE ET LA PARTICIPATION DE LA COMMUNAUTÉ

En 2022, j'ai incorporé à ma routine une « heure zéro déchet », un concept introduit par notre reine dans sa mission de protectrice de l'environnement. Je pensais que cette initiative me permettrait de mobiliser plus de membres de la communauté dans la lutte contre les déchets. Mais, alors que mes efforts commençaient à porter leurs fruits, la pandémie de la COVID-19 est venue perturber mes activités de nettoyage, interrompant le tourisme et mes campagnes de nettoyage. Le confinement a été une période difficile pour beaucoup de gens, moi compris. Mes habitudes de nettoyage me manquaient particulièrement parce qu'elles étaient devenues une partie intégrante de ma vie.

La pandémie a mis en évidence la fragilité de nos systèmes de protection sanitaire ainsi que la nécessité de la solidarité communautaire. La réponse de notre roi à la pandémie a été inspirante ; il a créé le Bureau des mesures d'aide du Druk Gyalpo[18] (le Roi Dragon) pour fournir aux personnes touchées des soutiens essentiels, en particulier de la nourriture et des médicaments. Devant ce souci du bien-être de notre peuple, j'ai voulu montrer ma gratitude. J'ai décidé d'organiser une campagne de nettoyage pour marquer l'anniversaire de notre roi, en faisant la promotion de la propreté le long des grandes routes nationales.

Le 21 février 2021, je suis allé au Drukgyal Dzong[19] à Paro pour offrir mes prières pour la santé de notre roi et m'engager à nettoyer la grande route nationale. Avec l'aide d'amis et d'enfants, j'ai entamé ma mission en ramassant assez d'ordures pour remplir un petit camion Bolero[20]. Cette campagne dépassait le simple nettoyage. C'était ma façon d'exprimer ma gratitude pour le soutien que notre roi avait apporté au secteur du tourisme pendant la pandémie.

Les difficultés causées par la pandémie n'ont en rien entamé ma détermination à continuer mon travail de protection de

---

[18] En anglais "The Druk Gyalpo's Relief Kidu Office" : une initiative du roi bhoutanais mise en place pour fournir une assistance financière aux individus et aux entreprises touchés négativement par la pandémie du coronavirus.

[19] Les dzongs sont des monastères-forteresses bouddhistes caractéristiques du Bhoutan.

[20] Le Bolero est un petit camion (ou grosse camionette) très répandu au Bouthan.

l'environnement. J'ai organisé de plus petits nettoyages communautaires en veillant à que des mesures de sécurité soient en place. Chaque opération de nettoyage était une occasion pour moi de prier pour notre roi et notre reine et d'exprimer ma gratitude pour leur leadership et leur vision d'un Bhoutan plus propre.

Le 4 juin 2022, date de l'anniversaire de notre reine, j'ai commencé un voyage hors du commun à travers le Bhoutan. Pendant 94 jours, j'ai parcouru le pays à pied, plaidant pour un environnement propre, ramassant des déchets et sensibilisant les gens à la nuisance de ceux-ci. Pendant ce voyage, j'ai nettoyé 22 dzongs et 28 lieux de crémation.

PRINCIPALES ÉTAPES DE MON VOYAGE

Au fil de mes campagnes, j'ai travaillé dans plusieurs sites importants de par leur signification culturelle et spirituelle au Bhoutan. Chacun d'eux a apporté son lot de défis et de récompenses et les communautés locales m'ont offert un soutien crucial.

1. Vallée de Paro : Connue pour ses paysages spectaculaires et le très célèbre Monastère du Nid du tigre, la vallée de Paro est un site important pour le tourisme au Bhoutan. Les campagnes de nettoyage que j'y organise attirent souvent des bénévoles locaux, entre autres des élèves des écoles du site. Leur enthousiasme m'inspire et renforce l'idée que la jeune génération tient à protéger notre environnement. Le

dialogue avec la communauté locale a permis de renforcer le sens de la responsabilité partagée en matière de propreté environnementale.

2. Thimphou : C'est à Thimphou, la capitale, que j'ai discuté avec diverses organisations et pouvoirs publics pour les sensibiliser aux questions environnementales. En collaborant avec les ONG locales, j'ai pu élargir mon champ d'influence et augmenter le nombre de participants à des initiatives de gestion des déchets. Le soutien des leaders communautaires a été décisif pour faire avancer nos campagnes.

3. Bumthang : Cette région, avec ses nombreux monastères et temples, est connue pour son importance religieuse. Pendant que je faisais du nettoyage au Bumthang, j'ai pu établir des contacts avec des moines locaux qui sont particulièrement bien placés pour éduquer leur communauté à la protection de l'environnement. Leur soutien a été précieux car ils ont encouragé leurs disciples à respecter la nature et à minimiser leur production de déchets.

4. Wangdue Phodrang : Beauté naturelle et biodiversité abondent dans ce district. Dans le cadre des campagnes de nettoyage que j'y ai menées, j'ai pu dialoguer avec des agriculteurs locaux et des propriétaires d'entreprise. J'ai discuté avec eux de pratiques écologiques et de stratégies de réduction des déchets qui pourraient être bénéfiques tant pour l'environnement que pour leurs moyens de subsistance.

5. Trashigang : Situé dans l'est du Bhoutan, Trashigang est l'un des plus vastes districts du pays. De nombreux membres de la communauté ont participé avec enthousiasme à mes campagnes de nettoyage. Leur accueil chaleureux ont rendu cette partie de mon voyage mémorable.

Chacun de ces sites m'a aidé à comprendre la diversité des défis auxquels nous sommes confrontés pour la gestion des déchets et l'importance de la mobilisation communautaire si l'on veut apporter des changements durables.

SURMONTER LES DOUTES ET ACCEPTER PLEINEMENT MA MISSION

Au cours de mon voyage, il y a eu des moments où les gens ont douté de ma santé mentale. Beaucoup n'ont pas compris pourquoi ramasser des déchets et protéger l'environnement me passionnaient autant. Des amis et des membres de ma famille me faisaient parfois part de leur inquiétude, se demandant si ma détermination n'était pas un signe d'instabilité. Leur point de vue a cependant évolué lorsqu'ils ont vu les changements effectifs que nous apportions dans notre communauté. Ils ont commencé à comprendre que ma mission allait au-delà du nettoyage. Il s'agissait de susciter un respect plus profond de notre environnement et de donner aux gens autour de nous le sens de leur responsabilité.

En étant originaire de Nabji, j'ai été élevé avec un fort sens de la communauté et du lien avec la nature. Mes parents ont instillé en moi l'importance de prendre soin de notre environnement et m'ont souvent rappelé mes responsabilités en tant qu'intendant de la Terre. Ils sont à l'origine de mon respect pour notre terre et notre patrimoine, respect qui a par la suite alimenté ma volonté de protéger notre environnement pour les générations futures.

DES PERSONNES IMPORTANTES DANS MA VIE

Tout au long de mon voyage, il y a eu plusieurs personnes clés qui m'ont inspiré et soutenu. Leurs encouragements ont été déterminants pour ma mission et je tiens à saluer leurs contributions.

1. **Ma femme, Ugyen Tshomo :** Mon plus grand soutien, Ugyen a été à mes côtés dans tous les défis que j'ai dû relever. Sa foi inébranlable dans ma mission m'a donné la force émotionnelle et l'encouragement qu'il me fallait pour persévérer. Elle incarne le sens de la communauté et le sentiment de compassion, et me rappelle que notre travail va au-delà du nettoyage ; il s'agit de renforcer le sens des responsabilités, envers l'environnement et envers autrui.

2. **Mes enfants :** Mes trois fils, Jurmi Sharab Gembo, Ugyen Pelzang Gembo et Jigmi Tenzin Choeda, ainsi que ma fille, Karma Euphalma, sont une source de joie et d'inspiration. Leur curiosité et leur enthousiasme pour la nature ont

conforté ma volonté d'œuvrer pour l'environnement, afin qu'il soit plus propre et plus sain sur le long terme. De plus, les voir participer activement à nos efforts de nettoyage me remplit d'espoir pour un avenir meilleur, où ils continueront à perpétuer l'héritage de la préservation de l'environnement.

3. **Khenchen Tandin Sithup :** Ses enseignements ont profondément influencé mon approche de la protection de l'environnement. La place importante qu'il accorde à la pleine conscience et à la compassion concorde avec ce que je crois. Lors de mes visites dans divers monastères, Khenchen a expliqué comment nous pouvons intégrer les principes bouddhistes dans nos pratiques de gestion des déchets. Son encouragement à voir les déchets pas seulement comme un problème matériel mais aussi comme un défi spirituel m'a aidé à inscrire ma mission dans un contexte plus profond.

4. **Mes collègues guides touristiques :** Ils ont eu une incidence déterminante sur mon voyage. Beaucoup d'entre eux ont adhéré à l'idée de la protection de l'environnement, m'accompagnant dans des campagnes de nettoyage et sensibilisant les touristes à cette question. Ensemble, nous formons un réseau d'influence dont le but est d'éduquer les visiteurs sur l'environnement exceptionnel au Bhoutan et l'importance de le préserver.

5. **Les bénévoles de la communauté :** Les bénévoles locaux qui m'accompagnent dans les campagnes de nettoyage

sont les piliers de la mise en œuvre de ma mission. Ces gens, avec parmi eux des élèves, des enseignants et des fermiers, donnent de leur temps pour soutenir nos actions. Leur détermination à préserver la propreté de nos terres fait chaud au cœur. Ensemble, nous avons favorisé un sens de la communauté qui transcende les efforts individuels.

6. **Autorités locales et ONG :** La collaboration des autorités locales et des organisations non gouvernementales (ONG) a été cruciale pour promouvoir les initiatives de gestion des déchets. Cette collaboration nous a permis d'obtenir des ressources et d'amplifier notre message auprès des populations locales. Avec leur participation, nous avons pu toucher un auditoire plus large et mettre en œuvre des stratégies plus efficaces pour la réduction des déchets.

DANS LE PROLONGEMENT DE LA CAMPAGNE

En traversant les divers districts du Bhutan, j'ai constaté que partout il y avait des défis et des occasions de croissance différents. Dans chaque district, j'ai constaté le lien étroit qu'il y avait entre la mobilisation de la communauté et la sensibilisation écologique de cette dernière.

À Thimphou, j'ai organisé des ateliers dans des écoles. Les élèves y ont appris ce qu'étaient la gestion des déchets et la gérance de l'environnement. L'enthousiasme des jeunes participants était contagieux. En effet, ils étaient nombreux à exprimer leur désir de lancer leurs propres initiatives dans leur communauté. Leur impatience de passer à l'action m'a conforté dans ma conviction que la jeune génération détient la clé d'un avenir durable.

Au Bumthang, en collaboration avec des moines locaux, j'ai organisé un nettoyage communautaire autour du Dzong sacré de Jakar. La présence des moines a ajouté une dimension spirituelle à notre action, renforçant l'idée que le soin que nous prenons de notre environnement est, d'une certaine manière, une façon de respecter notre patrimoine spirituel. La communauté locale est venue en force et, ensemble, nous avons ramassé plus d'une tonne de déchets en seulement quelques heures.

Pendant mes campagnes de nettoyage, j'ai été confronté à de nombreuses difficultés – le mauvais temps, des terrains accidentés et parfois même l'apathie de ceux qui ne comprenaient pas l'urgence de notre mission. Chaque obstacle a néanmoins renforcé ma détermination à continuer. Tel un phare, le soutien de ma famille, de mes amis et des membres de la communauté m'a guidé dans ces moments difficiles, me rappelant que je ne suis pas seul dans ce voyage.

RÉFLEXIONS ET LEÇONS RETENUES

Quand je réfléchis à mon voyage, comme guide et comme promoteur de la gestion des déchets, je me rends compte combien cette expérience m'a influencé tant sur le plan professionnel que personnel. Ce qui a commencé comme une mission pour nettoyer notre pays est devenu quelque chose de beaucoup plus vaste et important qui a transformé le sens que j'ai de mon rôle dans la société.

Sur le plan professionnel, mon travail de guide m'a permis d'apprécier la beauté naturelle du Bhoutan. Je me suis néanmoins rendu compte qu'accompagner des touristes pour qu'ils fassent l'expérience de cette beauté ne suffisait pas. Il fallait que je fasse quelque chose pour la protéger. Ce voyage m'a ouvert les yeux sur l'importance de l'éducation par l'exemple : en ramassant les déchets, je montrais l'importance de la préservation de l'environnement. Il m'a fait prendre davantage conscience de l'importance d'intégrer la promotion de la gestion des déchets dans mon travail de guide. Maintenant, en plus de montrer à des touristes les merveilles du Bhoutan, je les encourage à respecter et à préserver sa nature.

Sur le plan personnel, ce voyage a été véritablement transformateur. J'ai rencontré d'innombrables difficultés pratiques – routes périlleuses, pluies torrentielles, sangsues, glissements de terrain et longues périodes de solitude. Il m'est arrivé de me demander si je n'étais pas fou quand les gens me regardaient fixement, perplexes en me voyant ramasser des déchets. Mon père et ma belle-mère, qui m'ont élevé avec soin après le décès de ma mère alors que j'étais encore jeune, s'inquiétaient aussi, pensant que je n'étais pas fait pour ce type de travail. Et pourtant me voici, m'acquittant de la tâche nécessaire bien que souvent négligée de ramasser les déchets et de nettoyer.

Tout cela m'a donné une raison d'être et une force que je ne pensais pas avoir. Le soutien constant de ma femme, de mes enfants et de ma communauté m'a aidé à persévérer, même quand cela devenait difficile. Je suis immensément fier d'avoir ramassé plus de 95 tonnes de déchets. Je suis encore plus fier de voir que d'autres se sont ralliés à moi autour de cette cause.

J'ai aussi beaucoup progressé émotionnellement et spirituellement. Mes rencontres avec des étrangers bienveillants, des moines et des gens de tous horizons m'ont appris l'humilité et la bienveillance. Cela m'a rappelé que, quels que soient les défis, il y a toujours le long du chemin des gens prêts à nous tendre la main et nous ouvrir leur cœur. Lorsque Khenchen Tandin Sithup a partagé avec les moines les enseignements du Bouddha sur la gestion des déchets, cela m'a conforté dans ma conviction que ma mission n'est pas juste une affaire de nettoyage. Elle englobe aussi la pleine conscience, la compassion et la responsabilité pour notre environnement.

Le plus difficile a été de persévérer quand tout semblait aller mal. Mais les difficultés rencontrées m'ont enseigné la patience, la résilience et la foi – la foi dans le pouvoir de mes actions, même les plus petites, de mener au changement.

CONCLUSION

Finalement, ce voyage a fait de moi quelqu'un qui croit dans le pouvoir de la communauté et de l'action collective. Je ne me sens plus isolé ; je fais partie d'un mouvement de protection de l'environnement qui grandit. Je continue à travailler comme guide pour faire découvrir le Bhoutan à des visiteurs et, en même temps, je vais aussi les guider vers un avenir où nous prenons tous en main le bien-être de notre pays.

Au départ, ce voyage était une simple initiative de nettoyage. Au fur et à mesure de sa progression, il est devenu un cheminement vers la découverte de soi, me rappelant que chaque petit effort compte pour faire du Bhoutan un pays zéro déchet à l'horizon 2030.

Je vous invite toutes et tous − les visiteurs dans notre beau pays comme mes compatriotes bhoutanais − à vous joindre à moi. Ensemble, nous pouvons préserver le Bhoutan comme modèle de beauté naturelle et de richesse culturelle pour les générations à venir. Le voyage se poursuit, il est notre responsabilité collective. Investissons-nous dans cette noble cause et, main dans la main, créons un Bhoutan plus propre et plus écologique.

Sophie Rouméas

A PROPOS DE L'ANTHOLOGISTE

Sophie Rouméas est praticienne en thérapies holistiques. Animée par le pouvoir transformateur des mots pour éveiller les émotions, la réflexion et le changement, elle guide des méditations, des séances d'hypnose et des constellations familiales.

À travers *Angel Lab Éditions*, Sophie aspire à mettre en lumière des thèmes essentiels tels que la solidarité, la résilience et la transmission. Elle conçoit des ouvrages collectifs qui donnent voix à des récits inspirants et porteurs de sens. Depuis 2021, Sophie a publié quatre livres, dont trois anthologies, comme le best-seller Amazon *J'ai vécu la même chose que toi* dans lequel douze co-auteures partagent avec authenticité leur résilience face à l'épreuve du cancer du sein. Ces projets incarnent son engagement à offrir une plateforme à des voix engagées et bienveillantes. *Métamorphoses Inspirées* s'inscrit pleinement dans cette volonté de transmission collective.

Née dans les Alpes françaises, Sophie puise son inspiration dans la nature et l'amour qu'elle partage avec ses proches. À travers ses projets littéraires et thérapeutiques, elle s'efforce de promouvoir des valeurs de connexion et de transformation. Son motto : *Donnons voix à votre âme !*

Sessions individuelles : www.sophieroumeas.com
Arbre généalogique : www.healingthefamilytree.com
Facebook : www.facebook.com/sophie.roumeas1/

Livres publiés :
J'ai Vécu La Même Chose Que Toi, 2019
I Walked That Path Too (version anglaise), 2023
J'ai Vécu La Même Chose Que Toi – Volume 2, 2025
Souls In Love (version anglaise), 2022

Contribution comme co-auteure :
Step Into Your Brilliance, 2019, compilé par Rebecca Hall-Gruyter
Bright Spots, 2020, compilé par Cathy Davis